組織論から考える
ワークショップデザイン

宇野伸宏＋久保田善明 監修
北野清晃 著

三省堂

はじめに

　近年、異分野・異文化の人々が協働するワークショップという場、そして、その場を動かす役割としてファシリテーターが注目を浴びています。たとえば、教育学習分野では、従来の一方向の知識伝達型学習から、双方向の参加型学習へと変化する潮流の中で、ワークショップは有効な学習形式として注目されてきました。まちづくり分野では、従来の行政主導型から、住民参加・住民主体型の政策づくりが推進される中で、ワークショップは住民の合意形成の手法として活用されてきました。企業経営分野では、異なる専門性を持つメンバーが協働する手法や、異なる組織文化を持つメンバー同士の組織開発手法として、ワークショップが実践されるようになってきました。これ以外にも、ワークショップの実践は多分野に拡大しており、実践的なワークショップのデザイン方法論への期待が高まっています。

　これまでのワークショップ関連の書籍は、主に「スキル」や「形式」「手法」としてワークショップを論じるものでした。具体的には、ワークショップを進行するためのファシリテーションスキルや、ワークショップによる学習形式および合意形成手法などです。しかし、ワークショップ実践が拡大するにつれ、あたかも「ワークショップ形式にすれば学習効果が高まる」「ワークショップを行えば合意が形成できる」「ワークショップの成否はファシリテーター次第である」といった認識も広がりつつあります。これらの誤解を生む認識の背景には、「ワークショップはそもそも組織である」という本質的な視点が欠落しているのではないでしょうか。人々は永続的な組織あるいは数ヶ月単位のプロジェクト型組織であれば組織的な観点で考えますが、数時間〜数日で完了するワークショップが組織で

あるとはなかなか考えません。そのため、その場限りの形式や手法というテクニックに走りがちになります。

　しかし、現実はむしろ逆です。ワークショップは一時的で小規模とはいえ、そもそも組織なのです。永続的組織やプロジェクト型組織は時間経過の中でゆっくりと醸成可能ですが、ワークショップはそうはいきません。状況依存的な出来事にその場その場で対応しながら組織化を図る必要があります。この一時的で小規模な組織にこそ、組織的な視点での仕掛けや配慮が不可欠ではないでしょうか。

　本書は、ワークショップを経営組織論の視点から考えるものです。ワークショップの活用領域を限定することなく、全領域で適用できる「ワークショップの組織デザイン」をテーマにしています。これは、既存のワークショップ論、ファシリテーター論とは一線を画す新しい挑戦です。具体的には、「Ⅰ理論編」では、ワークショップを「一時的に形成されては消滅する小規模な組織（ワークショップ組織）」と捉え、組織構造を独自のモデルで展開することにより、ワークショップの実践家が経験則や暗黙知の中で行っている組織づくりの仕掛けを解説します。さらに、「Ⅱ失敗編」ではワークショップ組織を取り巻く罠、「Ⅲ事例編」ではワークショップの実践事例、を紹介します。これは言わば、失敗例と成功例の両面から学習しようという試みです。

　本書は、京都大学経営管理大学院における著者と監修者での共同プロジェクトとして生まれた企画です。全員が異なる実務経験と学術経験を有しているがゆえに、これまでのワークショップ論にはなかったアプローチで本書をまとめることができました。本書が、これまでワークショップに関わってきた方に限定することなく、組織やチームを動かすリーダーにも役に立つものとなれば幸いです。

2016年5月　著者

はじめに……………………………………………………………………002

[I 理論編]
ワークショップの組織デザイン論を学ぶ……………007

❶ ワークショップの可能性……………………………………008
1-1 ドメインと場づくり……………………………………008
1-2 既存のワークショップ論と社会的背景………………011

❷ ワークショップの組織………………………………………019
2-1 ワークショップの定義…………………………………019
2-2 ファシリテーター最重要主義からの脱却……………021
2-3 ワークショップを「演劇」として捉える……………023
2-4 ワークショップを「組織」として捉える……………026
2-5 「組織」で捉えるステークホルダーの再定義………029
2-6 「組織」で捉えるワークショップ形態の再定義……031

❸ ワークショップの組織構造…………………………………039
3-1 組織構造の単位…………………………………………039
（1）F：Facilitator ファシリテーター…039／（2）P：Participant 参加者…043／（3）O：Object 対象…046／（4）—：Interaction 関係性…047

3-2 ステークホルダーの関係性の構築……………………050
（1）FとPの関係性を作る…050／（2）PとPの関係性を作る…050／（3）PとOの関係性を作る…052／（4）アイスブレイクの3つの意図…053

3-3 ワークショップの組織構造の展開……………………057
（1）多個人化…057／（2）ペア化・チーム化…059／（3）多ペア化・多チーム化…060／（4）フラット化…062／（5）ワークショップの組織構造の展開図…064

3-4　代表的な組織構造の型 ………………………………… 066
　　（1）基本型…066／（2）分業型…067／（3）フラット型…068
　　3-5　ワークショップとチームの最適人数 ……………………… 068
●コラム　歴史に登場するワークショップの組織構造 ……………… 072

❹ ワークショップの組織デザイン ……………………………… 074
　　4-1　プロセス重視とアウトプット重視 ……………………… 074
　　4-2　プロセス重視では"個人で"「ぐるっと一回り」………… 075
　　4-3　アウトプット重視では"チームで"「ぐるっと一回り」… 080
　　4-4　ワークショップの組織構造の組み合わせ ……………… 085
　　（1）個人と全体（関係性の変化）…085／（2）発散と収束（情報の量の変化）…085／（3）具体化と抽象化（情報の質の変化）…088／（4）ワールドカフェの組織構造…089
　　4-5　ワークショップの組織デザインプロセス ……………… 092
●コラム　組織の優れたリーダーはワークショップも上手い ……… 102

[Ⅱ 失敗編]
ワークショップ組織の罠に陥らないために …………………… 105

❺ ワークショップ組織の罠からの回避 ……………………… 106
　　5-1　ワークショップ組織を取り巻く罠 ……………………… 106
　　5-2　ファシリテーターが陥る罠 ……………………………… 108
　　（1）関係性過剰の2つの罠…108／（2）参加者化の罠…112／（3）関係性放棄の罠…113
　　5-3　参加者が陥る罠 …………………………………………… 115
　　（1）関係性過剰の4つの罠…115／（2）協力関係放棄の罠…122／（3）役割放棄の罠…123
　　5-4　ワークショップ組織全体が陥る罠 ……………………… 124
　　（1）理念不在の罠…124／（2）物理的空間失敗の罠…128

5-5 罠を回避するためのスタンス …………………………129

（1）裏舞台のワークショップ組織…129／（2）参加者を罠から守るのはファシリテーター…130／（3）参加者によるこっそりファシリテーター…130

III 事例編
ワークショップの組織デザイン事例から学ぶ …………133

❻ 実践事例「ドメインワークショップ」……………………134
6-1 事例の概要 …………………………………………134
6-2 裏舞台ワークショップの組織デザイン………………134
6-3 理念を明確化する……………………………………138
6-4 5つの資源を確認する…………………………………139

（1）ワークショップ準備シートⅠ…139／（2）ワークショップ準備シートⅡ…141

● **コラム　損益分岐点と最低実施人数** ……………………143

6-5 プログラムを具体化する………………………………145

（1）メインとなる活動のデザイン…145／（2）プログラムに埋め込んだ仕掛け…150

● **コラム　「ペアコンサルティング」ワークでの分析ツール** ……159

6-6 組織成立の3要素をチェックする………………………163

（1）組織構造の変化…163／（2）罠やアクシデントへの対応方法…166

6-7 フィードバック方法を決めておく………………………167

主要参考文献 ………………………………………………170
主要索引 ……………………………………………………172
監修者あとがき、謝辞 ………………………………………174

I 理論編
ワークショップの組織デザイン論を学ぶ

1 ワークショップの可能性

1-1 ドメインと場づくり

　企業や自治体、学校、地域など、様々な組織において、こんなことはないでしょうか。「多様な想いや意見があるのになかなか共有できていない……」「多様な知識や情報があるのになかなか活かせていない……」「意識や行動がバラバラで組織の一体感や方向性が定まらない……」。

　組織やメンバーが持つ専門知識や技術は、組織の模倣困難性や強みとなりえる重要な資源です。にもかかわらず、組織として専門知識の共有や方向性が見出せていないとすれば、とても「もったいない」ことです。もちろん、この組織のもどかしい状況を鑑みて、知識共有や一体感を高めるべくメンバーが集まる「場」を設けようとします。しかし、一方的に伝えるだけではたとえ高度な専門知識があっても伝わりません。組織やメンバーの突破口を開くには、その「場」のデザインが重要な鍵になります。

　多様な専門知識を持ったメンバーの存在と、メンバー同士が融合する「場」のデザインに価値を置くことが、組織での創造的な実践に欠かせない両輪となります。本書では、この両輪を図表1-1のように「ドメイン(専門領域)」×「場づくり」と表現しています。

　ドメインは、企業経営では一般的に「事業ドメイン」と言われ、企業が自社で定めた他社と競争する領域のことを指します。経営学

図表1-1 ドメインと場づくり

者のエーベルは、「誰に（市場・顧客）、何を（提供価値）、どのように（独自の技術・ノウハウ）」という3次元で事業の定義をすることを提唱しました。企業が事業戦略を実行していくときの根幹となるのが事業ドメインです。他方、個人であれば、自分自身のドメイン、一言で言うと「専門領域」に該当します。たとえば、税理士を例に挙げてみましょう。辞書的意味をもとに「誰に、何を、どのように」に当てはめると、「企業経営者に、各種税金の手続きや税務書類作成を、代行したり、経営者からの相談に応じたりする」になるでしょうか。しかし、これでは職務領域であって、専門領域ではありません。もしこれを「○○地域の中小企業経営者に、税務関連業務を中心とした経営全般の課題解決を、長年培った税務実績と経営ノウハウにより支援する」とすれば、少しはドメインに近づくでしょう。地域限定＝地域をよく知っている、経営全般＝税務以外も相談できる、実績とノウハウ＝積み重ねがある、を入れることで少し差異化できてきます。実際は、近年の企業数の減少や会計サービスの利便性向上、都市部の業界事情を踏まえると、もっとドメインを磨く必要があるでしょう。

　企業と個人のどちらの場合も、ドメインはオンリーワンの領域であり、言わば「勝てる土俵」です。税理士を例に出しましたが、仕事に関するものだけが専門領域ではありません。また、「～学」や「～論」とつく分野だけが専門領域ではありません。たとえ小さな領域であっても、個人的な趣味や関心の領域であっても、その領域でオ

ンリーワンの知識や経験があれば自分のドメインです。たとえば、「グルメ通・食通」を名乗る人は数多くいますが、地域を絞り「大阪駅周辺グルメの達人」であればオンリーワンになれるかもしれません。また、スイーツ好きを名乗る人は多いですが、地域とジャンルを絞り「京都洋菓子の達人」であれば専門家として打ち出せるかもしれません。ぜひ自分ないし自社のドメインは何か自問自答してみてください。なお、「Ⅲ事例編」では、ドメインを明確化するワークショップを事例に挙げています。

　一方で、せっかく素晴らしいドメインを持っていても、うまく場づくりができていないケースがあります。様々な士業(しぎょう)(弁護士や税理士など)や専門家が講師を務めるセミナーを聞く機会がありますが、残念ながらほとんどは専門用語が多く理解しにくい内容だったり、一方的に話す講義で参加者が質問や発信ができなかったりします。せっかく豊富な専門知識や経験があるのに「もったいない」と感じます。せめて参加者に問いかけたり、隣の人と意見交換してもらったりすれば、参加者への伝わり方や会場の空気も変わるのにともどかしく思います。確かに、専門的になればなるほどコンテンツづくりに意識と時間が向いてしまいがちです。しかし、プロの講師として参加者の前に立つ、つまり、参加者の貴重な時間を預かるならば、参加者の視点に立ってもう一歩踏み込むべきです。少しでも参加者と双方向に場を作り上げようと思えば、準備の仕方も変わってくるでしょう。

　最後に、ドメインは曖昧だけれど、場づくりが上手な人もいます。面白い話を交えながら、参加者と掛け合いをして、場を盛り上げてくれます。参加すると楽しいですし、「あっ」という間に時間が経

ちます。しかし、残念ながらその場限りで内容を忘れてしまいます。これが「娯楽」の場であれば何の問題もありませんが、もし「学習」の場であればどうでしょうか。「場」の本来の目的はドメインの側にあります。その専門領域に関わる内容を知り学ぶことが目的です。場づくりはそのための仕掛けや手段に該当します。人気の講師・教師の中には、ドメインは専門的とは言えず、内容もやや陳腐だけれども、場づくりでカバーしている講師がいるのも現実です。

ドメインと場づくりはワークショップを機能させる両輪です。どちらか片方だけでは、参加者にとって真に興味深い場は作れません。

1-2　既存のワークショップ論と社会的背景

これまで、ワークショップに関する一般書籍はいくつか世に出ています。ここで、他の書籍と本書の違いを書いておきたいと思います。すでに、数冊のワークショップに関する書籍を読んだことがある人は、スタンスの違いを把握したうえで読み進めてもらうと理解しやすいと思います。

次ページの図表1-2は、ワークショップに関する書籍を整理したものです。一般的にはワークショップの目的別、分野別に分類されることが多いですが、ここではワークショップそのものの捉え方を基準に分けています。既存のワークショップ論は、大きく「スキルとしてのワークショップ」「形式としてのワークショップ」「手法としてのワークショップ」に分けられます。これらの背景にある社会的な変化とともにそれぞれをみていきましょう。

第一の「スキルとしてのワークショップ」は、主に場を回す人（ファシリテーター）や技術（ファシリテーション）に注目した捉え方で

	主要テーマ	特徴	学術的背景キーワード
「スキル」としてのワークショップ	ファシリテーションに代表されるワークショップの進行技術などの個人スキルに注目する	**ファシリテーター重要主義** リーダーの発揮する能力の一環として、ファシリテーターが最重要であるという前提にたつ	行動心理学、リーダーシップ論、ファシリテーション
「形式」としてのワークショップ	双方向型の新しい学習形式として、ワークショップの方法論や効果に注目する	**参加者重要主義** 参加者の学習や創造性開発など、参加者が最重要であるという前提にたつ	教育学全般、認知心理学、アクティブラーニング
「手法」としてのワークショップ	多様な人々の対立解消や合意形成の手法として、場づくりのプロセスに注目する	**関係性重要主義** メンバーの参加や納得など、プロセスの中での関係性構築が最重要であるという前提にたつ	建築学、まちづくり、コミュニティデザイン
「組織」としてのワークショップ	ワークショップを組織や集団として捉え、組織構造やマネジメントに注目する	**マネジメント重要主義** ファシリテーターや参加者、オブジェクトからなる組織として、マネジメントが最重要であるという前提にたつ	経営学、サービス学、組織論、マネジメント

図表1-2 ワークショップの捉え方による分類

す。特にビジネス場面では、会議の効率的な進行方法や、組織メンバーのリーダーシップの一環として捉えられます。会議の進行や生産性に悩むビジネスパーソンは多いので、近年関心を集めています。ファシリテーター次第、つまり、ファリシリテーター自身が熟達すれば場の雰囲気も変えられるという視点に立ちます。これは言わば、「ファシリテーター重要主義」です。しかし、注意しないといけないのは、ビジネス場面ではどうしても立場や利益から主導権争いになりがちです。ファシリテーションを表面的なスキルとして使うだけで、日々の意識・行動・能力が伴わないと周りを巻き込む力にはつながりません。

「スキルとしてのワークショップ」が台頭した背景には、多様化する社会での「連携」への取り組みがあります。たとえば、ビジネスの世界では、グローバル化の進展により世界的な大企業に限らず中小企業でもグローバルな商取引が増えています。文化や政治、商習慣の違いを持った多様な企業間でのコミュニケーションが必要となってきました。また、国内に目を向けても、1つの企業でビジネスが展開されることは少なくなり、複数企業で連携する場合が増えています。企業間連携に留まらず産官学連携も増えています。このような組織の連携は、異なる文化や背景を持った組織同士の協働を意味し、今まで以上にコミュニケーションを図ることが必要となります。さらに、社内であっても、複数部署が連携したチームが増えています。変化の激しい事業環境への適応策として、組織内の部門横断的なクロスファンクショナルチームやタスクフォースなどを設ける企業も増えています。ただし、国内外、企業内外での様々な組織の連携は、組織同士が行っている訳ではありません。実際の連携を紐解くと、実は各組織のキーパーソンという人を介した関係性です。つまり、今まで以上に「個人」および「個人のつながり」が注

目されることになります。

　このように、グローバル、国内、企業内、部門内、という全てのレベルにおいて、様々な組織が連携したり、新しく組織を設けたり、あるいは衰退したり、意図的に廃止したり、を繰り返しています。これらは社会の変化や多様化への適応策です。社会の変化と多様化のスピードに合わせて、組織変化のスピードも加速しています。つまり、近年は、「組織が激しく新陳代謝を繰り返す時代」と言えるのではないでしょうか。一時的に組織を立ち上げ、目的を果たすと消滅するような組織をいかに効果的に運営していくかが重要です。そのアプローチとして、ワークショップやファシリテーションが注目されています。

　第二の「形式としてのワークショップ」は、学習が中心的な関心になります。一方向性の講義に対する批判として、教える側・教わる側の双方向性や、メンバーの参加、メンバー同士の協調的・協働的な活動が注目されています。その際、従来の「授業」や「セミナー」という参加者にとって受動的なニュアンスの言葉ではなく、「ワークショップ」や「ワークショップ型～」という能動的なニュアンスの言葉が使われます。このような新しい学習形式としてワークショップが行われるとき、主役はあくまで参加者と位置付けられます。これは言わば、「参加者重要主義」です。

　「形式としてのワークショップ」が台頭した背景には、効率化する社会に対して「リアルな現場」への回帰があります。IT技術の進展によりインターネットを介して膨大な情報にアクセスできるようになりました。IT技術は社会や産業をよりスピーディーで効率的なものに変革してきましたが、一方で、IT技術では対応できない課題が浮き彫りになりました。教育の世界では、IT技術の進展

によりインターネット上で授業を配信できるEラーニングが登場しました。知識や情報を伝えるだけの教育は、もはやリアルな教室に一同に会して講義をしなくても、好きな時に好きなだけ受講できるEラーニングに代替される傾向にあります。これにより、改めて教育現場のあり方、講義のあり方、学習のあり方が見直されるようになりました。従来の知識伝達型の授業スタイルから、アクティブラーニングと呼ばれる講師と学生のコミュニケーションを重視した知恵創出型の授業スタイルが増えつつあります。企業の世界でも、インターネットを介して簡単に顧客情報を得られるからこそ、企業と顧客のリアルなタッチポイントとしてコミュニケーションの場を大切にする企業も増えています。

このように、IT技術により社会や産業の効率化が進んだことが契機となり、むしろリアルな世界での質的向上という課題を浮かび上がらせました。その課題解決の一端としてワークショップ形式やアクティブラーニングという考え方が注目されています。

第三の「手法としてのワークショップ」は、ワークショップを合意形成の手法として用いるものです。たとえば、トップダウン的な意思決定への批判として、ボトムアップ的な意思決定が対局にあるものとして扱われます。トップダウンは、組織の少数の意思決定者が決めたことをボトムへ伝えようとします。粘り強く説明や説得を試みるものの、場合によっては反対意見が出たり、納得しないメンバーがいたりします。すると、トップダウンへの批判として「もっと民主的にみんなの意見を取り込もう」という動きが起こりえます。しかし、実際に全員参加の会議を行ってみると、意見が収拾不能で混乱したり、参加者の中で不公平感が生まれたりします。なぜならボトムアップでは意思決定に関わる人の数が格段に増えるから

です。それを解消する手法としてワークショップを活用するのが第三の捉え方です。付箋に意見を書いて全員に発言機会を設けたり、模造紙で意見をまとめたりという活動が埋め込まれます。実際のところ、最終的な意思決定の質という点では、トップダウンとボトムアップのどちらかが優れている訳ではありません。しかし、ボトムアップは参加者が意思決定のプロセスに関わる点に価値があります。メンバーと時間と空間を共有することで、最後には、「自分の意見とは違う結論になったけど、発言してスッキリした」とか「お互いの立場や意見の違いそのものが分かり合えた」ということになり、メンバー同士の関係性が密になり一体感が生まれやすいです。これは言わば、「関係性重要主義」です。

　「手法としてのワークショップ」が台頭した背景には、複雑化する社会に対して「参加」への挑戦があります。まちづくりの世界では、戦後の高度経済成長期の建設ラッシュやスクラップアンドビルドによる再開発など、ハコである建築物を作ることで物質的な豊かさを享受してきました。しかし、ハード面の充実と引き換えに、都市と地方の格差拡大、人口減少と過疎化、地域コミュニティの崩壊など、ソフト面の様々な問題が生み出されました。これに対し、トップダウンだったまちづくりの意思決定の考え方の転換が求められ、「住民参加」が叫ばれるようになりました。現在では、住民参加から「住民主体」へと言葉もよりボトムアップな表現になりつつあります。これは、地域に住む人々が主体となって、自分達のまちを自立的に作ってゆく考え方です。実際、大災害を経験するたびに、改めて「絆」や「コミュニティ」の大切さを認識し、精神的な豊かさへの回帰が求められてきました。しかし、前述したように意思決定に関わる人々の数は増え、プロセスは格段に複雑化します。多様な考えや想いを持った住民や団体、企業がいる中での意思決定はと

ても難しいです。ここで合意形成のための1つのアプローチとしてワークショップが注目されるようになりました。

　まちづくり以外でも、同じような潮流が様々な分野で起きてきました。たとえば、プロダクトデザインの世界です。製品を作る際、従来はデザイナーと呼ばれる人が考えた独創的なモノがトップダウンで作られ人々に流通してきました。その後、「人間中心設計」というように、ユーザーの視点に基づいたデザイン手法が取り入れられました。実際のユーザーに参加してもらい、使いやすさや好みを検証していくボトムアップのプロセスが入ります。このユーザーの関わりは広がり、最近では「インクルーシブデザイン」というように、デザイン活動そのものにユーザーを巻き込んでいく考え方もあります。その際に、多様なユーザーとのコミュニケーションや協働が必要であることは言うまでもありません。

　このように、ボトムアップへの転換による多様なメンバーの参加への試みと、その際に生じる合意形成の複雑さ、という2つの側面を解決する手法としてワークショップが注目されています。

　このように、社会が効率化、多様化、複雑化するにつれて、より一層「個人」が注目され、個人と個人の関係性が大切になってきました。そして、「スキルとして」「形式として」「手法として」、社会的変化へ適応する可能性を秘めたアプローチとしてワークショップが注目されてきたと言えます。本書では、これらの捉え方やアプローチを否定する訳ではありません。本書で掲げる「組織として」ワークショップを捉えることは、全ての分野のワークショップで適用可能なアプローチです。テーマや目的を限定する訳でもありません。実際には、あらゆる分野のワークショップ実践者が、ワークショップを企画運営する中で、経験的に習得し知らず知らずのうちに実践

していることだと思います。言わば、経験則や暗黙知に近いもので、知っているけれども気づいていない点です。

　本書では、ワークショップそのものの捉え方を検討し、組織として見つめなおしてみることで、社会の変化へ適応する可能性を秘めたワークショップを、より実効性のあるものしたいと思います。組織をマネジメントするように、ワークショップデザインにもマネジメントの視点を加えることでより実践に役に立つと信じています。

2 ワークショップの組織

2-1 ワークショップの定義

ワークショップの辞書的な意味は「工房」や「作業場」です。体験を取り入れた学習方法として捉えられたのは、20世紀初頭のアメリカでの戯曲創作の教育現場が起源と言われています。その後、1960年代にアメリカで、都市計画やまちづくりでの合意形成の手法としてワークショップという言葉が使われています。日本でも、1980年代に同様の使われ方をしました。それ以降、現在まで様々な分野でワークショップという言葉が広がっています。

では、具体的にどのような分野でワークショップが実践されているのでしょうか。代表的な分類の1つとして、「アート系」「まちづくり系」「社会変革系」「自然・環境系」「教育・学習系」「精神世界系」「統合系」という7つの分類があります（出典：中野民生（2001）『ワークショップ―新しい学びと創造の場』）。他にもいくつかの書籍で分類が試みられています。

これだけ実践分野が多岐に渡るにも関わらず、複数の分野でワークショップを企画した人は意外と少ないのが現実です。本書を読んでいる人も、特定分野のワークショップの考え方や手法は熟知していても、他分野でのそれは知らないかもしれません。学習視点でプロセスを重視する人もいれば、会議での結論を重視する人、まちづくりのように全員参加を重視する人もいます。考え方が違えば、運

営手法やプログラムも全く違ったものとなります。たとえば、身体表現など即興性を重視するワークショップ実践者は、あえてプログラムを作り込まない場合があります。これを聞くと、比較的プログラムを作り込むであろう研修や会議のワークショップ実践者は、不安に思うかもしれません。

なお、著者は7分類で言えば、「教育・学習系」「まちづくり系」「アート系」で主に実践してきましたが、「社会変革系」「統合系」と言われるものは企画したことはありません。

このような様々な分野で独自に活用されてきたワークショップは、その定義も様々です。そもそも、ファシリテーションもワークショップも同義のように考えている人が多いですし、近年、ファシリテーターやワークショップデザイナーと呼ばれる人も増えてきました。しかし、前述したように複数分野のワークショップ実践経験を持つ人は意外と少なく、たいていは自身の領域でのワークショップ論、ファシリテーター論を述べていることが多いのです。

たとえば、企業研修の世界では、ファシリテーターと言えば研修講師であり、ワークショップは研修やセミナーとほぼ同義として扱われます。中には「ワークショップセミナー」や「ワークショップ型研修」という言葉も散見されます。もしかすると、ワークショップは、主催する人事部には「参加型のセミナー」という意味でポジティブに捉えられ、参加する社員には「課題をさせられる研修」という意味でネガティブに捉えられているかもしれません。実際に、企業研修では、「ワークショップ」という言葉にネガティブな印象を思い浮かべる人も多いようです。

では、ワークショップの定義とは何でしょうか。ワークショップという言葉に慣れていない人は、「ワークショップとは何ですか？」「ワークショップの定義は？」と聞くでしょう。そこで、例として

代表的なワークショップの定義を3つ挙げてみます。

- 「講義など一方向な知識伝達のスタイルではなく、参加者が自ら参加・体験して共同で何かを学びあったり創り出したりする学びと創造のスタイル」（出典：中野民生（2001）『ワークショップ―新しい学びと創造の場』）
- 主体的に参加したメンバーが協働体験を通じて創造と学習を生み出す場（出典：堀公俊、加藤彰（2008）『ワークショップ・デザイン：知をつむぐ対話の場づくり』）
- 創ることで学ぶ活動（出典：山内祐平、森玲奈、安斎勇樹（2013）『ワークショップデザイン論：創ることで学ぶ』）

このように、ワークショップは「スタイル」「場」「活動」といくつかの概念で定義されていますが、「学習」と「創造」というキーワードが共通しています。さらに、ワークショップの関連文献を分野横断的に調べると、頻出のキーワードとして「創造性」「協働性」「一体性」「体験性」「即興性」が挙がります。しかし、全分野のワークショップを言い表す定義を見出すことは困難ですし、幅広さをあえて収束させるような定義を生み出すことに実践上の意味はありません。本書は、ワークショップそのものの捉え方を検討し、組織構造を明らかにすることが目的です。みなさんには、ぜひ各領域でみなさんが考えるワークショップの定義を考えてみてください。

2-2 ファシリテーター最重要主義からの脱却

「良いワークショップ」とはどのようなワークショップでしょうか。ある教育関係者は、「参加者の創造性が生まれるワークショップ」「参加者が楽しく学べるワークショップ」と答えました。あるまち

づくり関係者は、「ファシリテーターと参加者が一体となって信頼関係ができるワークショップ」と答えました。前者は「創造」や「学習」、後者は「参画」や「協働」がキーワードのようです。示唆に富んだ答えで、どちらも正解だと思います。前節で述べたように、ワークショップの定義が多種多様であるだけに、ワークショップの善し悪しの評価も多種多様であるはずです。

では、「良いワークショップ」になったのはなぜでしょうか。参加者は「ファシリテーターがとても上手に進行してくれた」と言うかもしれません。ファシリテーターは「いやいや、参加者のみなさんが主体的に参加してくれたからです」と言うかもしれません。結局は、ファシリテーターも参加者も良かったということなのかもしれません。余談ですが、盛り上がったワークショップの現場では、実際にこのような「褒め合い」のような会話が生まれます。

さて、ワークショップの成功については、その理由をファシリテーターや参加者などの個人に求めがちですが、果たしてそれだけが理由でしょうか。確かに、「ファシリテーションの達人」や「人気講師」と呼ばれる人々は、豊富な経験とスキルを武器にワークショップを上手に運営しています。それらを見ると「やはりプロは違う、ワークショップが上手くいくかどうかはファシリテーター次第だ」とたびたび思わされます。また、同じファシリテーターや講師が複数回ワークショップを開催する場合もよくありますが、参加者が違えばワークショップのプロセスやアウトプットも変ってきます。主催者や事務局からは、「今回の参加者は活発でワークショップが盛り上がった」あるいは「ファシリテーションはイマイチだったけど参加者は主体的に取り組んでいた」という振り返りを耳にします。はたまた、同じファシリテーターが同じ参加者にテーマを変えてワーク

ショップを行うこともありますが、「今回の問題提起は面白かった」あるいは「今回はテーマが壮大すぎた」という声もよく聞きます。もう少し時系列に拡げてみると、ワークショップ当日は「今日は盛り上がった」という好印象でも、「翌日にはすっかり忘れて何も残らない」こともあります。逆に「今日は盛り上がらなかった」という悪印象でも、ワークショップでの体験が参加者の人生に長期的に影響を及ぼすこともあります。このように考えると、「ワークショップが上手くいくかどうかはファシリテーター次第」という意見にやや疑問が湧きますし、「盛り上がらなくても、深い気づきが長く染み渡る」というようなワークショップもあるかもしれません。

　ここで言いたいことは、ワークショップの善し悪しは、世間で言われるように「ファシリテーター次第」「参加者次第」という簡単なものではない、ということです。

2-3　ワークショップを「演劇」として捉える

　少し演劇とサービスの話をします。演劇では、客席から見える表舞台と、楽屋や舞台袖など客席からは見えない裏舞台があります。そして、それぞれの舞台で団員は役割を演じます。このような演劇での舞台と役割演技の枠組みを、社会学者のゴッフマンは、日常生活の文脈を読み取る観察方法として取り上げました。この社会学的観察方法は、ドラマツルギー（dramaturgy）と呼ばれます。たとえば、サービスを観察する際に、サービス場面を演劇にたとえて「表舞台 Front-stage」と「裏舞台 Back-stage」に分けて考えることがあります。ファミリーレストランを思い浮かべてください。客として入店しテーブルに座っていると、接客係（接客という役割を演じる人）がやって来て注文をとったり食事を運んだりします。これは客から見える表舞台です。一方、厨房にはシェフ（調理という役割を演じる人）がい

ますが、客と直接関わることはありません。これは客から見えない裏舞台です。ファミリーレストランでは、店舗設計の時点で、表舞台と裏舞台を空間的にゾーニングしたり、表導線（客導線）と裏導線（従業員導線）の動きが重複しないよう区分したりします。このように、実はあらかじめ仕組みや文化が埋め込まれた舞台が用意されているにもかかわらず、客は表舞台しか見ることができません。もちろん、客がファミリーレストランを評価するとき、表舞台にいる接客係とのやりとりだけで評価する訳ではなく、味や価格というかたちで間接的に裏舞台を評価していることはありえます。

　ワークショップに話を戻します。ワークショップを演劇やサービスとして捉えると、表舞台と裏舞台が存在します。しかし、当日の現場ではおおむね表舞台しか見えません。それゆえに、1章で述べた「ファシリテーター重要主義」や「参加者重要主義」といった捉え方をしがちです。

　では、ステークホルダー（ワークショップに関係する人々）を掘り下げてみましょう。ワークショップ当日の表舞台にいる「講師やファシリテーター」と「参加者」だけが関係者ではありません。それ以外にも、裏舞台で準備やサポートをする事務局や、そもそもワークショップ開催の決定をした主催者もいます。社員研修であれば参加者を研修に送り出してくれた所属上司や同僚、まちづくりであれば地域住民も、間接的なステークホルダーになるでしょう。また、人々以外にも目を向ける必要があります。ワークショップには、テーマや目的だけでなく、作業対象となるモノや道具などのオブジェクトも重要な要素になります。ワークショップを取り巻く環境という点では、開催場所、空間レイアウト、温度や騒音などの物理的な環境も、ワークショップに影響を与えるかもしれません。図表2-1は、

企業研修での一連の活動を例示したアクティビティ図です。研修会社がクライアント企業のニーズに合わせて研修内容を提案し、実施運営、終了後の手続き、という活動の流れを項目と矢印で表現しています。これを見て分かるように、実は研修当日に参加者から見える表舞台は、図の太枠で囲んだ部分しかありません。それ以外の大部分は裏舞台です。研修前に数ヶ月をかけて内容検討や事務手続き、開催準備をしています。また、研修後もアンケート集計や振り返りなどの事後手続きもあります。特に、研修前の仕込み部分の仕事量が多いため、この業界にいる人は、研修当日はすでに仕事の大半が終わっている感覚を持っていると思います。

　ここまで、ワークショップを演劇やサービスとして捉えましたが、

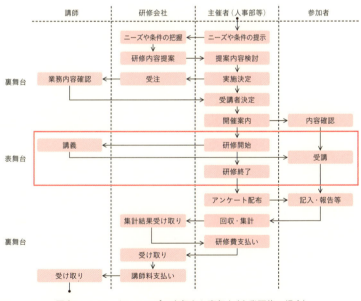

図表2-1　ワークショップの表舞台と裏舞台(企業研修の場合)

もっと幅広い概念として捉えられないでしょうか。

2-4 ワークショップを「組織」として捉える

　ワークショップは、単なる「ヒトの集まり」でも、単なる「作業をする場」でも、単なる「課題解決の手段」でもありません。ワークショップは、ヒト、モノ、目的、テーマ、環境を複合的に含んだ有機体であると考えるのが妥当だと思います。つまり、ワークショップは「組織」であるということです。実際に、ほとんどのワークショップでは組織論の古典として有名なバーナードの組織成立の3要素を満たしているので、組織と言って問題ありません。組織成立の3要素は、コミュニケーション（communication）、貢献意欲（willingness to serve）、共通目的（common purpose）です（出典：チェスター・バーナード（1968）『経営者の役割』（山本安次郎訳））。コミュニケーションは、メンバーが互いに意見を伝達し、意思疎通が図られていることです。貢献意欲は、メンバーが具体的な行為を通して、貢献しようとするモチベーションを持っていることです。共通目的は、メンバーに共通の目的があり、それを目指そうとすることです。

　組織としてのワークショップには、2つの特徴があります。1つ目は、一般的な企業組織と比べて、小規模であることです。ワークショップは、数名から多くても100名程度であることがほとんどです。2つ目は、特定の目的で一時的に組織が形成されることです。ワークショップは、目的が果たされると消滅することがほとんどです。つまり、ワークショップは、「小規模性」と「一時性」を備えた組織であり、短時間に成立しては消滅するという「新陳代謝」を繰り返す組織だということです。

　ワークショップが組織であるというのは、なかなか理解しにくいかもしれません。企業研修を例に挙げ、企業内で20名の管理者を

集めて1日間の「リーダーシップ研修」が行われるケースを考えてみます。おそらく、企業研修は一般的には「教育」と思われがちです。教育と考えると、「講師は教える／参加者は教わる」という関係が先入観として入ってしまいます。これを「組織」として捉え直してみます。そうすると「リーダーシップ研修」は、次ページの図表2-2のように「リーダーシップ習得という学習目標を達成する共通目的が付与された、3チーム計12名のメンバーと1名のファシリテーターからなる一時的な組織」ということになります。この組織ではさらに4名で構成されるチーム内で、リーダーや書記、発表者、タイムキーパーなどの役割が発生するかもしれません。その役割を担いチームと組織に貢献しながら最終ミッション達成を目指すことになります。こうなると「教える／教わる」という関係ではなく、ファシリテーターも参加者もそれぞれの役割を果たす協働的な関係になります。

　なお、企業研修は、実際に企業から参加が指示・命令され、勤務時間中に開催されますので、実は「一時的な組織」のなかで「仕事」をすることと同じです。仕事であるので、成果が求められ、時に評価もされます。それゆえに、人事部は研修中にオブザーブ席にいるのです。単に事務局をしている訳ではなく、実は観察や評価もしているのです。補足ですが、企業研修を福利厚生的な意味合いや採用活動のプロモーションのように考える人もいますが、それらはあくまで副次的な効果と言えます。

　1日間の研修を「一時的な組織」とはイメージしにくいかもしれませんが、もし数週間のプロジェクトチームのメンバーに選抜されたらどうでしょうか。ほとんどの人は、「一時的な組織」として捉えると思います。1章で述べたように、組織内の部門横断的なクロスファンクショナルチームやタスクフォース、産官学連携のプロ

従来の捉え方 講師は教える／参加者は「リーダーシップ研修」を受講する

組織としての捉え方 リーダーシップ習得という学習目標を達成する共通目的が付与された、3チーム計12名のメンバーと1名のファシリテーターからなる一時的な組織

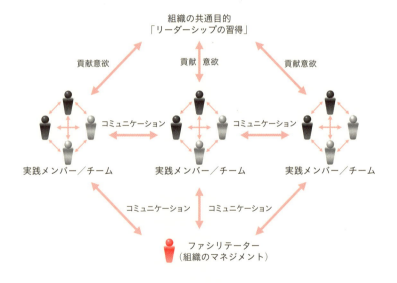

図表2-2 「リーダーシップ研修」を「組織」として捉えた場合

ジェクトチームに代表されるような「一時的な組織」に限らず、1日間の研修や短時間のミーティングにおいても、組織としての捉え方をすることができます。

　企業研修を例に話したので、堅い印象を受けたかもしれませんが、同じようなことが他の分野にも当てはまります。モノを作るワークショップも、フィールドで体験するワークショップも、ファシリテーターが組織を運営する役割、参加者が組織で実践する役割、と捉え直すことができます。

　ワークショップは、「小規模性」と「一時性」を持つがゆえに見落とされがちですが、実は組織論で議論される諸要素が短時間の中で詰め込まれた、言わば「組織の縮図」です。ワークショップを「組織」として捉え直すことで、もっと視野の広いワークショップのデザインや運営が可能になります。

2-5　「組織」で捉えるステークホルダーの再定義

　ワークショップを組織と捉えると、ワークショップの構成要素の意味付けが変ってきます。それは、組織を構成するステークホルダー（ワークショップに関係する人々）の意味付けの変化と、ワークショップ形態の意味付けの変化、という2つの側面です。

　第一は、ワークショップを組織と捉えることによる、ステークホルダーの意味付けの変化です。ファシリテーターは、「講師」「教師」「インストラクター」などの職名や職位で捉えるのではなく、「役割」で捉えるべきです。同様に、参加者も「受講者」「生徒」「客」ではなく「役割」が重要になります。具体的には、次ページの図表2-3のようにファシリテーターは「組織を動かす役割を担う人」、参加者は「組織で実践する役割を担う人」、と定義することができます。

　「ファシリテーター＝組織を動かす役割を担う人」は、状況に応

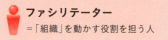 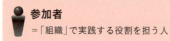

図表2−3 役割によるステークホルダーの再定義

じて様々な役割を演じる必要があります。リーダーシップを発揮して組織をあるべき姿へ導く「リーダー」の役割を担うときもあれば、プログラムを進行する「司会者」、ヒト・モノ・情報などの資源をマネジメントする「管理者」、参加者のモチベーションを引き出す「コーチ」、必要な知識を提供する「教育者」、アウトプットを評価する「評価者」としての役割も出てくるかもしれません。組織が上手く動いていれば、働きかけを停止して見守ることも役割になるでしょう。この本では「組織」を動かす役割を担う人を分かりやすく「ファシリテーター」と呼んでいますが、これらの様々な役割を担う人という意味が含まれています。

「参加者＝組織で実践する役割を担う人」の意味付けも変ってきます。「参加」や「受講」をするだけでは不十分な存在です。組織の共通目的であるワークショップの目標を果たすために、メンバー同士でコミュニケーションを図り、お互いを尊重しながら協働あるいは競争してプロセスに主体的に参画する人です。

補足ですが、上記のように説明をすると、組織というワードから「ヒエラルキー（階層）」を連想するかもしれません。上司と部下のように、あたかもファシリテーターが上位で参加者が下位であるように捉える人もいるかもしれませんが、そうではありません。あくまで役割が違うだけで、同じワークショップという組織の一員です。

2-6 「組織」で捉えるワークショップ形態の再定義

　第二は、ワークショップを「組織」と捉えることによる、ワークショップ形態の意味付けの変化です。ワークショップ形態は、極論すれば机やイスのレイアウトとして現れます。後述しますが、ワークショップを実施する際、講義のように並列に席を配置する場合もあれば、2人組のペアや3～5名程度のチームを組む場合もあります。これらは単なるレイアウトとして現れますが、組織的には意味付けは大きく異なってきます。

　ワークショップ形態については、3章・4章で解説する組織構造とデザインに大きく関わる点ですので、少し組織論についてお話します。ワークショップでチームを作るように、組織を部門に分けるなどした枠組みを「組織構造」と言います。組織のマクロ的な捉え方として「組織構造」と「組織文化」がありますが、この本では「組織構造」に注目しています。

　組織構造は、高さ（階層）と広がり（部門化）で表現されます。高さ（階層）は、統制の幅に従って階層を作ることです。組織を動かす立場にあるリーダーにとっては、自ら直接、統制できる人数や範囲は限られるため、下位にさらにリーダーを置き統制を任せようとします。イメージとしては、課長1名で100名の社員は統制できないので、10名の係長を任命して各9名ずつを統制してもらう、というものです。つまり、原則的には課長は10名の係長を統制すればよいことになります。この場合は、課長、係長、一般社員という3つの階層が存在することになります。

　一方、広がり（部門化）は、組織目的の遂行を効率化するために、分業や専門化を進めることです。たとえば、一般的なメーカー企業では、「総務部」「営業部」「製造部」などの部門に分かれているこ

とがあります。これは、総務、営業、製造などの「機能」を単位に組織を分けているので「機能別（職能別）組織」と言われます。一方、各地に営業拠点を持つような企業は「東京支店」「大阪支店」「名古屋支店」など地域別に組織を分けていたり、複数の製品群を持つ企業は「A製品部」「B製品部」「C製品部」と製品別に組織を分けていたりします。これらは地域別、製品別の「事業」を単位に組織を分けているので「事業部制（チーム別）組織」と言われます。

　両者の大きな違いを見てみましょう。機能別組織は業務の重複はなく専門化しているので効率的です。しかし、専門化しているだけに部門間に垣根ができやすく、頻繁に意思疎通を図る必要があります。従業員は同じ部署に居続けるとその機能の専門家になりますが、組織全体が分かる人材を作るのであれば定期的に配置転換が必要かもしれません。また、経営の意思決定はトップ（社長）に集中するので、組織の規模が大きくなるとトップが忙殺されてしまいます。つまり、機能別組織は、少数事業の経営組織やトップ集権的な組織を作りたい場合に適しています。

　一方、事業部制組織は、地域別や製品別に分けられているので、それぞれに総務や経理などの管理機能を持った自己完結型の組織です。事業部ごとの収益や貢献も明確ですので、事業部間の競争も誘発されます。従業員は事業部の中で一連の業務の流れを経験しやすいので幹部候補の育成につながります。ただし、総務や経理などの管理機能が各部門で重複していたり、同じような事業に重複投資されていたりと、全体調整が不十分だと非効率になる一面もあります。

　これ以外にも、フラット型組織、マトリックス型組織もあります。フラット型組織は、たとえば企画業務、設計業務、コンサルティング業務など、業務が個人完結型、あるいはチーム完結型の場合に多いです。最近では、フラット型組織で様々な機能を持たせた自己完

結型のチームを作って、チームに権限と責任を移譲する形態も注目されています。最後に、マトリックス型組織は、縦方向と横方向で複数の組織を組み合わせた形態です。複数のメンバーが協働するプロジェクト単位で仕事が回っているような企業では、機動性と柔軟性を持たせるためにマトリックス型組織が採用されます。マトリックスと言うと新しい言葉のような響きがありますが、日本企業、特に資源が限られた中小企業では、昔からよくある形態です。組織図には明確化されていなくとも、実は所属部署の業務以外に他部署の業務を兼任していることはよくあります。もっとも、マトリックス型組織は、従業員にとっては上司が複数いることになり、出来る社員に仕事が集中したり、指揮命令に混乱が起きたりするので、運営上は注意が必要です。

　これらの企業の組織構造の類型を、次ページの図表2-4にまとめています。ただし、実際の企業ではこの通りであるのは稀です。すべての組織構造には一長一短があるので、いずれかの形態をベースに、短所を補完するような修正や追加がされた組織構造となっている場合が多いでしょう。

　さて、組織構造について長々と解説をしましたが、言いたかったことは、ワークショップの場面でもこの組織構造が現れるという点です。それは、レイアウトという形で埋め込まれている場合が多いのではないでしょうか。

　たとえば、「参加者12名のワークショップ」のデザインを依頼された場合をイメージしてください。依頼者から「レイアウトはどのようにしますか？」と確認されたらどう答えるでしょうか。個別テーブルで全員同じ方向を向いた「スクール形式」にしますか。それとも、「2名ペアを6班」作りますか。またはチーム構成にして「3名チームを4班」、「4名チームを3班」、「6名チームを2班」にしますか。

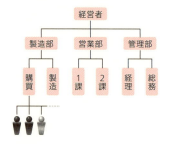

機能別(職能別)組織
・ピラミッド型の組織で、階層が多い
・製造・営業・管理という機能で部門が分かれている
・意思決定が経営者に集中する

事業部制(チーム別)組織
・チーム完結のフラット型組織で、階層が少ない
・製品別や地域別の事業で部門が分かれている
・意思決定の権限と責任が事業部へ移譲されている

フラット型組織
・個人完結のフラット型組織で、中間階層がない
・個人に職務が紐付けされている
・意思決定が経営者に集中する

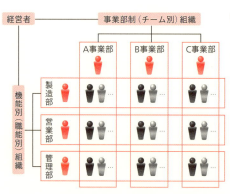

マトリックス型組織
・複数の組織構造を組み合わせた組織
・知識や情報が迅速に共有でき柔軟性がある
・メンバーは上司が2人いて混乱する可能性がある
・権限と責任が曖昧になりやすい

図表2-4 企業の組織構造の類型(従業員50名程度を想定)

実はそれぞれで組織構造には大きな違いがあります。「スクール形式」は言わば「フラット型組織」です。知識のインプットなど個人完結型のテーマに向きますが、隣の人とコミュニケーションをとる場合には向きません。極端な例は試験会場です。隣の人と相談したりカンニングしたりできないような構造があらかじめ埋め込まれています。

では、それ以外のペアやチーム構成にする場合はどうでしょうか。人数構成は2～6名の可能性があります。もちろんそのときのテーマやワークの種類によって変わります。もし対話やカウンセリング技法などペアで行うワークであれば、2名ないし3名（2名ペア＋1名オブザーバー）が妥当です。ブレーンストーミングやディスカッションなど双方向に自由闊達に話し合うワークであれば、3名以上が妥当でしょう。ここで押さえておきたい点は2つあります。

1点目は組織構造でいう機能別なのか事業部制なのかという点です。たとえば、「4名チームを3班」の場合、その3班が取り組むテーマやワークの種類は同じでしょうか。同じならば「事業部制組織」です。それぞれの班は自己完結的な組織として取り組みます。各班は同じテーマなので、班ごとのプロセスや成果の違いは明確となり、相対評価が可能です。それゆえに、同じワークショップにいながらも、班同士の競争意識が芽生えます。他方、3班が取り組むテーマやワークの種類が相互補完的ならば「機能別組織」です。1つの題材を3班が分担して行う場合、班ごとのプロセスや成果の違いは相対評価されません。ただし、分業によりお互いの作業は分断されるので、統合する段階で意思疎通が必要になってきます。

2点目は、ファシリテーターの統制には幅があるということです。ファシリテーターは同時に2班をみることは難しいです。もし「6名チームを2班」ならワーク中はこの2班に交代で関わっていくこ

とになります。もし班の数が増え「2名ペアを6班」ならば、6班を順に回っていけるでしょうか。ワーク中は班を見回ったりしないというポリシーの講師もいますが、ワークショップという組織において、ファシリテーターの役割の1つはリーダーです。リーダーシップの発揮としてメンバーへの「配慮」は必要だと思います。時間的な制約、コンテンツの内容に応じて、ファシリテーターとして統制や配慮ができるかも組織構造を決定する要因になります。

　アメリカの経営史研究家であるチャンドラーは、「組織構造は経営戦略にしたがう」という命題を示しました。ワークショップで言えば、どのような組織にするか、どのようなレイアウトやチーム分けにするかは、ワークショップの戦略によります。あらかじめ全ての戦略を立ててガチガチなプログラムにしておくという意味ではありません。その場その場のテーマやワークの目的に合わせて構造を変化させることが重要という意味です。せっかく移動式のテーブルがあるのに、ワークもディスカッションもスクール形式のままで行っている講義をよく見かけますが、ちょっとした構造の工夫で場が活性化することもあるのです。ワークショップの熟達者は、戦略的にレイアウトを変えます。固定席でどうしても物理的な構造が変えられそうにない場合も、参加者の座る向きを変えたり、席から立ち上がって振り返らせたりします。また、席替えをする場合もあります。席替えは組織でいう配置転換です。異なる背景を持った人が加わることで組織が活性化するように、ワークショップでも人が交代することで、参加者間の関係性が密になったり、既存のアイデアに新しい視点が加わったりします。知っている人は「ワールドカフェ」をイメージすると分かりやすいと思います。ワールドカフェについては4章で紹介をしています（89ページ参照）。

　これまでの内容を踏まえ、ワークショップでの組織構造を描くと、

次ページの図表2-5のようになります。機能別組織のような相互補完性を持った「分業型」のワークショップ組織、事業別組織のようなチーム完結性を持った「フラット型(チーム)」のワークショップ組織、フラット型組織のような個人完結性を持った「フラット型(個人)」のワークショップ組織、という3種類に分けてまとめています。

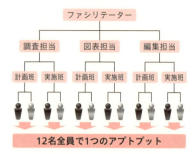

機能別的なワークショップ組織

- ピラミッド型の組織で、階層が多い
- チームが分業して別の活動をする
- ファシリテーターの統制範囲はやや広い
  （原則1人で3チームをみながら調整統合を行う）

分業型

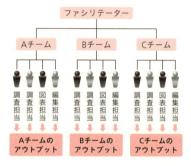

事業部制的なワークショップ組織

- チーム完結のフラット型組織で、階層が少ない
- チームが並行して同じ活動をする
- ファシリテーターの統制範囲はやや狭い
  （原則1人で3チームをみながら例外事項に対応する）

フラット型（チーム）

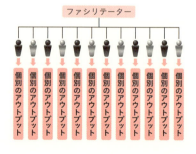

超フラットなワークショップ組織

- 個人完結のフラット型組織で、中間階層がない
- 個人に活動が紐付けされている
- ファシリテーターの統制範囲が広い
  （原則1人で12名をサポートする）

フラット型（個人）

図表2-5　ワークショップの組織構造の類型（参加者12名の場合）

3 ワークショップの組織構造

3-1　組織構造の単位

(1) F：Facilitator ファシリテーター

　ワークショップの組織構造を展開する際、最初に組織構造の単位を踏まえる必要があります。組織構造の単位については、これまで「ファシリテーター」や「参加者」という言葉を使ってきましたが、改めてその内容や役割について定義します。

　ファシリテーターについて、2章では、「組織を動かす役割を担う人」と定義しました。つまり、ファシリテーターは、状況に応じて様々な役割を演じる必要があります。一部すでに述べましたが、想定される役割には、下記のような7つがあります（図表3-1）。

　「リーダー」としてのファシリテーターの役割は、参加者に対してそのワークの目的や目指すゴールを示すことです。あらかじめ実施内容やプログラムが決まっているのであれば、ゴールまでの道筋（シナリオ）も伝えます。もちろん、目的やゴールそのものを参加者同士で決めていく場合もありますが、その場合もリーダーとして全員で決めること自体を示す必要があります。

　「司会進行者」としての役割は、ワークショップの節目をきちんと確認して形づくることです。1つのワークが終わり次のワークに移るとき、「○○について取り組みました。では次のワークに移りましょう」と発言することは意外と重要です。たとえ参加者がその

段取りを知っていたとしても、参加者の心の中にある言葉をファシリテーターが代表して確認することに意味があります。節目を意識し、次のワークへの橋渡しになります。同じようなワークが連続してルーティン化してきたときも、面倒臭がらずこの一言を加えることはファシリテーターの関わりとして実は大切です。

「管理者」としての役割は、ヒト・モノ・時間・情報という経営資源を管理することです。ヒトについては、たとえば、もし1名の参加者が遅れてくる場合どう対応するでしょうか。そのまま合流してもらうでしょうか。どの時点でワークに入ってもらうか、遅れた分のフォローをどのタイミングでするかは、管理者としての意識がないと気づくことができません。モノについては、たとえば、あら

図表3-1 ファシリテーターが担う7つの役割

かじめ模造紙を5枚用意していたが、議論が白熱して足りなくなったときどうするかなどです。時間については、ワークショップ初心者でも開始と終了の時間、1つのワークの時間配分は、意識している場合が多いです。では、もしプログラム進行が遅れた場合はどうするでしょうか。対応は概ね2種類あります。1つ目は、ビデオの早回し再生のようにコンテンツは変えずに早口にしたり、ワークの時間を微妙に減らしたりすることです。ただし、ワーク時間を減らすことは、参加者に早回しを強いることになります。2つ目は、その場の状況に応じてコンテンツを柔軟にアレンジすることです。要点を絞ったり、要約して話し方を変えたり、ファシリテーター自身が即興性を発揮します。もちろん、2つ目の方がよりファシリテーターの熟達が求められます。情報については、管理者としてできる限り事前に参加者の情報を手にいれることです。参加者の属性だけではなく、参加動機や興味を知っておくと進行がしやすくなります。

「コーチ」としての役割は、ワークショップのテーマに沿った「問い」を投げかけることです。「○○はこうなっています」と断言するのではなく、「○○についてみなさん、どう思いますか」「○○について意見はないですか」と全員に投げかけます。たとえ反応がなくても、参加者は「どう思うかな」「同じ意見かな」と一旦自分ごととして考える機会になります。もちろん、ワーク中に悩んでいる参加者がいれば個別に問いかけるような関わりも必要でしょう。

「教育者」としての役割は、ワークショップの内容に関わる最低限の知識や情報を伝えることです。伝えすぎるとワークショップの創造性や可能性を狭めてしまうので、どんな知識や情報をどのように伝えるかは、コンテンツとして準備が必要です。また、教育者としての立ち位置も重要です。第1章でドメインの話をしましたが、ワークショップではファシリテーターのドメインをしっかり伝える

ことが必要になります。ワークショップの開始時、参加者は「このファシリテーターは一体何者なのか」「ちゃんと自分たちを導いてくれるのか」と不安を持っているものです。ファシリテーターが持つドメインと今回のテーマの関係をしっかり示し、立ち位置を確立することで、参加者に「この人がファシリテーターなら安心、面白そう」と思ってもらう必要があります。これは、自己紹介というかたちで主にワークショップ冒頭に組み込むことで、その後の展開がスムースになります。

「調整者」としての役割は、ファシリテーターと参加者、参加者同士、参加者とモノや環境の関係性をつなぐことです。特に、参加者同士の関係性は活動を左右しますので、できるだけ初期に緊張感や不安感を取り除くことが必要です。後述する「アイスブレイク」(53ページ参照)はそのための1つの方策です。議論についていっていない参加者がいればフォローしたり、あえてチームを再構成したり、関係性をつなぎかえながらワークショップを進行します。

「観察者」としての役割は、参加者の活動を見守り状況を把握することですが、実は他の役割の前提となるものです。観察できなければ、状況に合わせて管理したり、コーチしたり、調整したりすることはできません。一般的に、ファシリテーターは自分が話すときは意識が高いのですが、慣れてくるとワーク中に油断する傾向にあります。熟達者になると、見守っている風を装うことも出来てしまいます。参加者からは分かりにくいです。しかし、オブザーバーからは、ファシリテーターがワークショップに関わる作業や連絡をしているのか、関係のない別のことをしているのか、分かってしまうことがあります。

以上のように、ファシリテーターはこれら7つの役割を状況に応じて使い分けながら、組織を動かしています。もしワークショップ

に参加する機会があれば、ぜひファシリテーターを観察してみてください。きっと状況に合わせて使い分けているはずです。なお、この7つの役割ですが、いくつかの役割を並行して実行している場合もあれば、全く使わない役割がある場合もあります。熟達者になるほど、無意識にこれらの役割を実践していると思いますが、あえて意識することで、ファシリテーターとしてさらなる成長のきっかけになるかもしれません。

　補足ですが、よくある質問で、「ファシリテーションとコーチングの違いは？(ファシリテーターとコーチの違いは？)」という声を耳にします。この2つの言葉は同じ時期に日本に持ち込まれ流行したので紛らわく思われがちです。最近では1対1ではなく多人数に対してのコーチングもあるので、余計に混同されます。本書ではすでに7つの役割で示したとおり、「ファシリテーターは必要に応じてコーチの役割をするときもある」という考え方をとります。つまり、ファシリテーター＝コーチの場面もあれば、ファシリテーター≠コーチの場面もあります。おそらく両者の違いに混乱する人は、役割が同じ場面とそうでない場面の両方を体験したため、混乱しているのではないでしょうか。

(2) P：Participant 参加者
　参加者について、2章では、「参加者＝組織で実践する役割を担う人」と定義しました。組織の共通目的を果たすために、メンバー同士でコミュニケーションを図り、お互いを尊重しながら協働あるいは競争してプロセスに主体的に参画する人です。想定される役割には、下記のような5つがあります（図表3-2）。

　「学習者」としての役割は、ワークショップでの活動を通じて知識や技能を学ぶことです。テーマや対象物と向き合い、他者との関

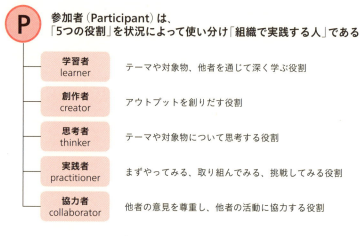

図表3-2 参加者が担う5つの役割

わり合いの中から学びが生まれます。

「創作者」としての役割は、アウトプットとして、成果を見える化することです。ただし、「学習者」と「創作者」の役割は、因果関係が循環しています。つまり、「学習者」としての役割は、研修のような学習を目的とするワークショップのときだけに限りません。デザインやものづくりのようにアウトプットが目的、つまり「創作者」としての役割が主となる場合も、完成するまでのプロセスの中で実は学習をしています。プロセスで学んだことが次の創作の機会に活かされることもあります。「鶏が先か、卵が先か」と同様、「作る」と「学ぶ」はどちらが「手段（因）」「結果（果）」なのかは考え方次第です。「作るために学ぶ」ときもあれば、「学ぶために作る」こともあります。

「思考者」としての役割は、テーマや対象物についてよく考えることです。よく考えるとは、「自分ごととして考える」ことです。

詳しくは、第4章で「ぐるっと一回り」という表現で書いています（75ページ参照）。葛藤や混沌の中から自分ごととして答えを探っていき、「あ、そういうことか」と腹に落ちた答えこそが大切です。決して、ネットで収集した情報や知識から選んだり、既存の理論を鵜呑みにして当てはめたりすることではありません。腹に落ちたかどうかは、「自分の言葉で他人に説明できるかどうか」でおおよそ分かります。

「実践者」としての役割は、挑戦的な意識をもってやってみることです。経営の基本的な手順であるマネジメントサイクルの代表例に、PDSサイクル（Plan-Do-See）があります。計画して（Plan）、実行して（Do）、確認する（See）という一連の活動を繰り返していくというものです。ワークショップでワークをする場合は、「チームで〇〇のアイデアをとにかく出してください。時間は10分間で、目標100個。付箋紙に書いてね」というように、Planはファシリテーターが提示する場合が多いです。その場合は、とにかく実践者としてはまずはDoの部分に集中することになります。

「協力者」としての役割は、参加者間で協力することです。ついていけていない参加者がいれば別の参加者がフォローする、作業を主体的に分担する、他の人の意見を尊重する、といったことです。つまり、参加者でありながら、実はファシリテーターの7つの役割を代行してくれるイメージです。第5章では、そのような参加者を「こっそりファシリテーター」と呼んでいます（130ページ参照）。

以上のように、参加者は5つの役割を使いながら組織で実践をしています。ただし、ワークショップでは最初からこれらの役割を意識して参加する人ばかりではありません。企業研修などのように参加が強制されているようなワークショップでは、参加者のモチベー

ションが低い可能性があります。他の参加者とコミュニケーションを図ることも少ないかもしれません。あるいは、途中から何かしらの出来事によってモチベーションが低下し、参加意欲が下がる場合もあります。参加者の役割が発揮されるかは、参加者本人とともに、ファシリテーターの働きかけが重要になります。

(3) O：Object 対象

ワークショップには必ずオブジェクトが存在します。オブジェクトには2つの側面があります。モノとしての側面（物質的側面、物象的側面）と、コトとしての側面（事象的側面）です（図表3-3）。

前者のモノとしての側面は比較的分かりやすいです。たとえば、ワークショップで作業対象となる素材や道具、キャンバス、模造紙などの物質的なオブジェクトです。参加者はこれらを使ったり、眺めたり、加工したりしながらワークを進めていきます。参加者はヒトとだけではなく、実はモノとも相互作用をしています。

後者のコトとしての側面は、たとえば、ディスカッションやブレーンストーミングのテーマや、問題、話題などが該当します。これらは物質ではありませんが、参加者間の共通のオブジェクトとして機能しています。ワークショップでは、このようにコトとしてオブジェ

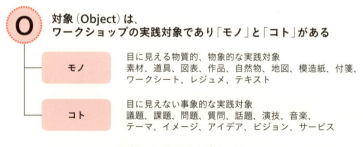

図表3-3 2種類のオブジェクト

クトが存在し続ける場合もありますが、実際の場面では何かしらのモノと結びついていることが多いです。たとえば、ディスカッションやミーティングでは、模造紙へ書き込んだり、付箋を使って意見をまとめたり、あえてモノに転換する場合も多いです。また、言語化しにくいものは、イメージを図や絵に描いたりします。フィールドワークでは、気になったシーンを写真に取り、ホワイトボードに貼って言葉を記述していくこともあります。

このように、オブジェクトにはコトとモノの2つの側面がありますが、両面の関係を踏まえると、コトが物質化したもの、コトを見える化したものが、モノであるという捉え方ができます。つまり、コトがモノを包含するイメージです。ワークショップにおいては、モノ化することが参加者の実践を促進する1つの仕掛けになりえます。

(4) ― : Interaction 関係性

関係性とは、ファシリテーターと参加者とオブジェクトの3者をつなぐ役割を持っています。ワークショップにおいては、3者がつながることがとても重要になります。関係性のつながる強さは時々刻々と変化しますし、もし分断した場合は再接続することもあります。なお、組織構造単位間のつながりは「―」で表します。

ここで、FとPとOの3者をつなぐと言いましたが、実際につながるのは、図表3-4に示す、「F―P」「P―P」「P―O」のみです。「F―O」がない点はワークショップの注目すべき特徴です。つまり、ファシリテーターが参加者に働きかけはするけれども、オブジェクトには直接働きかけないという意味です。これは、ワークショップをするうえでの前提となります。実際のワークショップ全体の流れの中では、FがOに介入する場面も起こりえますが、一時的な介入

「FがPと」つながる動詞例

リーダー leader	導く、促進する、声をかける、配慮する、掲げる、率先する、提案する
司会進行者 promoter	進行する、司会をする、周知する、注意する、案内する、紹介する
管理者 manager	管理する、計画する、設計する、用意する、分析する、予測する、計測する
コーチ coach	引き出す、動機づける、支援する、傾聴する、質問する、問いかける
教育者 teacher	教える、伝える、解説する、説明する、示唆する
調整者 coordinator	調整する、整理する、相談する、援助する、まとめる、つなげる、媒介する
観察者 observer	観察する、見守る、把握する、確認する、任せる、振り返る

「P同士が」「PがOと」つながる動詞例

学習者 learner	学ぶ、知る、教わる、気づく、発見する、理解する、納得する、習得する、熟達する
創作者 creator	作る、書く、描く、まとめる、加工する、組み立てる、かたちにする、表現する、発表する
思考者 thinker	考える、想像する、発想する、比較する、評価する、内省する、振り返る、整理する、分析する、捨てる
実践者 practitioner	やってみる、実行する、取り組む、向き合う、挑戦する、調べる、体験する、試行する
協力者 collaborator	協力する、連携する、応援する、鑑賞する、傾聴する、共感する、提案する、質問する、指摘する、批判する

図表3-4 関係性を意味付ける動詞

が終わればそれ以上の働きかけは行われないことが原則です。

なお、既存のワークショップ研究の中で提唱されているモデルの1つに、「F2LOモデル」（出典：苅宿俊文、佐伯胖、高木光太郎（2012）『ワークショップと学び3：まなびほぐしのデザイン』）があります。これはワークショップでの学びをテーマにしたモデルで、「ファシリテーター（F）」と最低2名の「学習者（L）」、「オブジェクト（O）」を線で結んだモデルです。注目すべきは、これを分析単位、つまりワークショップを構成するのに最低限必要な要素として提案している点です。また、本書と同様にFとOもつながらないことを前提としています。このF2LOモデルは、本書での組織構造の単位を考える際に援用している考え方です。

さて、関係性の役割は、言い換えると「動詞」の働きをすることです。たとえば、ファシリテーターと参加者がつながる場合、図表3-4のように「F」と「P」と「―（つなぐ線を示す）」によって表現されます。もしつながりの強さを示すなら「―」の長さや太さで表現することもできるでしょう。この図では、FとPが関係性を持っていることを示していますが、もし文章で表現するならば、「FはPに説明をする」や「FはPに促す」というように、関係性の「―」は「説明する」や「促す」のような動詞として働きます。また、参加者と参加者がつながる場合は「P」と「P」と「―」によって表現されます。オブジェクトと参加者がつながる場合も「O」と「P」と「―」によって表現されます。関係性の「―」が表す動詞はたくさん考えられますが、「ファシリテーターの7つの役割」「参加者の5つの役割」に即して言えば、この表のような動詞が想定されます。

3-2　ステークホルダーの関係性の構築

(1) FとPの関係性を作る

　組織構造の単位を踏まえたうえで、次にファシリテーターと参加者の関係を作るためにはどのようにすればよいでしょうか。図表3-4（48ページ参照）で示した動詞のように、"FがPに(を)「〜する（動詞）」"ことによって関係性を作ります。たとえば、"FがPに質問する"や"FがPに説明する""FがPを案内する"といった具合です。FとPの関係性はワークショップの初期段階で構築しておくべきです。可能であるならば、ワークショップの開催前に何かしらの関係性を作るアクションができるといいです。たとえば、開催前の受付時間に声をかけたり、名刺交換をしたりすることも重要となります。ワークショップの主催者であれば、開催日以前に参加者と何かしらのコミュニケーションをとることもあります。そうすれば、開催当日にファシリテーターとして登壇する時点ですでにFとPがつながっている状態です。それによって、参加者は自身の学習（PとOの関係）と参加者同士のコミュニケーション（PとPの関係）に注力でき、ワークショップを円滑にスタートさせることができます。

　もしワークショップ中に参加者がついていけないなどトラブルに陥ったときは、ワークショップの進行上で対処することもできますが、休憩時間中や終了後にフォローする（FとPをつなぎ直す）ことも大切になります。

(2) PとPの関係性を作る

　参加者同士の関係性を作ることは、ワークショップを考えるうえでのキーワードである「創造性」「協働性」「一体性」の達成にとても大切です。FとPの関係性と同様に、できる限り早くに何らかの関係性をつなぐアクションをとることが重要です。しかし、ほとん

どの場合、参加者同士は開催当日にしか会うことが出来ません。誰の隣の席になるか、誰と同じチームかは事前に分からないことが多いです。ですので、ワークショップの開催前のわずかな時間に挨拶や名刺交換をすることは関係性を作る貴重な機会です。

　ここで対比的な例を2つ挙げます。1つ目は、女性のキャリアをテーマにしたワークショップの事例です。このワークショップの参加者は、年齢は様々ですが全員が働く女性でした。ワークショップ開始時間の15分前の時点で驚かされました。まだ半分くらいの参加者しか到着していないにもかかわらず、まるで同窓会や旧知の仲であるかのように、ワイワイと会場が盛り上がっていました。その後に到着した参加者も次から次に会話の輪に入っていき、開始時間が来たときにはすでにPとPの関係性が出来上がっていました。リラックスした状態でワークショップが開始した様子は、今までみたワークショップや研修の中でも、ファシリテーターが進行しやすい環境だったと思います。なお、ワークショップ終了後もSNSやメーリングリストでチームを作ったり、有志で食事会に行ったりと、ワークショップの枠を超えた横のつながりができたようです。

　2つ目は、人事評価をテーマにした管理職セミナーの事例です。このセミナーの参加者は、主に40〜50歳代の男性管理職がほとんどでした。開始時間の15分前の時点で数名が到着していましたが、隣に座った人と挨拶はするものの、その後はパソコンを開いたり、スマホをいじったり、静かですがある意味気まずい雰囲気が漂っていました。時折、名刺交換を通じて会話をする人達もいますが、お互いの勤務先や職位の探り合いのようなやりとりが一段落すると、会話が続くことなく静寂に戻りました。もしこのまま開始時間を迎え、いきなりセミナーのコンテンツに入ったらどうなるでしょうか。いくら素晴らしいコンテンツを提供してPとOがつながっても、

PとPがつながらないままでせっかくの場が活性化しないでしょう。もしコンテンツが知識伝達のものであれば、集まる必要はなく、たとえばEラーニングを受講すればよかったのかもしれません。

　2つの例はかなり極端なケースですが、実際には、チームごとにPとPの関係性にバラツキがでる、というのが現実的でしょう。また、これらの例は、ともに参加者自身がPとPの関係性を構築しようとしており、言い換えれば「参加者任せ」です。1つ目の例では、たまたま主体的な参加者が多かったからかもしれませんし、同じテーマでもこのようにならなかったかもしれません。

　ワークショップの初期段階で、PとPの関係性をつなぐのは参加者だけでしょうか。実は、ファシリテーターもそれを支援することができます。もし2つ目の例のように参加者同士が会話せず気まずい雰囲気になりそうであれば、ファシリテーターが声をかけて自然に名刺交換をするように促したり、何か隣の人と相談したくなるような仕掛けを用意したりすることもできます。また、もしあらかじめ座席指定をするならば、共通点や性格、強みの補完関係など、PとPの関係性を考慮した思惑を含んで座席配置を決めるのも準備の1つです。もし開催時間までにこれらの準備ができなければ、いわゆる「アイスブレイク」をワークショップの前半に入れて、意図的にPとPの関係性を作る働きかけをするといいでしょう。このように参加者自身の努力以外でも、PとPをつなぐ方法はたくさんあります。決して、PとPの関係性は参加者次第、などと考えてはいけません。

(3) PとOの関係性を作る

　参加者とオブジェクトの関係性と言ってイメージしにくければ、図表3-4（48ページ参照）のPとOをつなぐ動詞を使って具体的にイ

メージしてください。もちろん、Oは前述したようにモノとコトの両方があります。たとえば、"参加者Pが素材Oを加工する""参加者Pが問題Oに取り組む"ということです。PとOの関係性を作る際に重要なのは、どのタイミングで参加者にOを提示するか、どのようにOを提示するか、という2点です。

　Oの提示のタイミングですが、最初から提示しておけばいい訳ではありません。たとえば、研修のテキストであれば、全て先に配ってしまうと後ろのページの答えを先読みしてしまう参加者がいるかもしれません。逆に、あえて最初からテーブルに模造紙とペンを用意しておけば、参加者は何か書く作業があるのだなと思うかもしれません。どのタイミングでOを提示するかはワークショップの仕掛けと連動する重要な要素なので、運営担当者間で意思統一しておく必要があります。

　Oの提示の仕方については、ほとんどの場合、ファシリテーターは何かしらの働きかけをすることが多いです。ファシリテーターFが"参加者Pが問題Oに取り組む"ように説明するなどです。作業内容Oを丁寧に説明し、問題O自体を考えさせながら提示する場合もあります。逆に、ファシリテーターが働きかけない場合もあります。もし会場内によく分からない工具や材料が並んでいたら、どんなワークショップになるのだろうと期待が膨らむこともあるでしょう。

(4) アイスブレイクの3つの意図

　アイスブレイクについて、まずは一般的な理解を確認しておきます。アイスブレイクは、主に初対面の人が集まったときに、参加者同士のコミュニケーションを図って場の雰囲気を作るための手法と言われています。組織構造で言えば、PとPの関係性を作る手法に

該当します。アイスブレイクは「氷をこわす、溶かす」という意味で、参加者の緊張感や不安感を氷にたとえたメタファーです。アイスブレイクを行うことで、参加者は緊張感から解放され、安心してその場へ関われるようになります。アイスブレイクの手法は、ちょっとしたワークやゲーム、クイズ、運動など様々なものがあります。アイスブレイクをインターネットで検索すると、アイスブレイク事例やスキルを紹介したホームページ、関連書籍が出てきますので調べてみるとよいでしょう。

　では、アイスブレイクに隠された本来の役割を考えてみましょう。アイスブレイクは前述のような参加者同士のコミュニケーション（PとPの関係性づくり）を図るための手法というだけでは不十分です。参加者が仲良くなるだけのアイスブレイクは非常にもったいないのです。

　研修やワークショップの冒頭部分でアイスブレイクを体験したときに、何か違和感のようなものを覚えることがあります。それは、「アイスブレイクをして隣の人と知り合えたけど、で、今日のテーマと一体何の関係があったのだろう」という唐突感、テーマとの乖離感です。ファシリテーターに対して、「なぜそのアイスブレイク手法にしたのか」と問いかけたくなります。中には、このアイスブレイクをやってみたかっただけ、というファシリテーターもいるかもしれません。

　確かにアイスブレイクは一般に言われるとおり、コミュニケーションや雰囲気を作る手法ですが、これがワークショップの冒頭で行われる点がとても重要です。このアイスブレイクはワークショップの成否を分けます。なぜなら、ワークショップに入る前の参加者は、特に期待感や不安感が入り混じった敏感な状態だからです。冒

頭であるがゆえに、アイスブレイクはコミュニケーションや雰囲気を作るだけでは不十分です。その日のテーマへの導入や関心づけをするプロセスも含めるべきです。組織構造で言えば、PとPの関係性を作るだけではなく、PとO(テーマや問い)の関係性を作ることも重要です。さらに、アイスブレイクは、FがPに対して最初に行う活動であり、話し方や進行の仕方により参加者はどのようなファシリテーターなのかをある程度見極める機会になります。これはFとPの関係性づくりと言えます。つまり、PとPの関係性づくりと思われがちなアイスブレイクは、実は、FとPとOの全ての関係性をつなぐ意図を含めたものである必要があります。

　アイスブレイク手法の1つに「マシュマロチャレンジ」というものがあります。パスタとヒモ、マシュマロを材料に、制限時間内にいかにてっぺんにマシュマロを載せた高い塔を作ることができるかを競うゲームです。パスタではなくストローを使う場合もあります。
　アイスブレイクにこの「マシュマロチャレンジ」を行った2つのケースがあったのですが、参加者の関心をテーマへと導く方法は全く違っていました。
　1つめのケースでは、4人チームでマシュマロを積み上げるときに、ファシリテーターは「いかに4人が協働したか」を振り返りで指摘しました。高さはそれほど問題にしません。時間を計る人、全体を指揮する人、作業に専念する人など、いかに役割を明確にしてチームとして動けたかを問いかけました。ちなみに、このワークショップのテーマは「チームビルディング」でした。
　2つめのケースでは、4人チームでマシュマロを積み上げるときに、ファシリテーターは秘かに「マシュマロを載せてみるまでの時間」を計っていました。こちらも高さは問題ではありません。チー

ムの中には、先に机上で設計図を作ったりアイデア出しを入念にしたりするのに時間をとられ、タイムリミットが迫ってようやくマシュマロを載せてみると塔が崩れてしまったチームがいくつかありました。マシュマロは軽いという先入観がありますが、実は意外と重いのです。ファシリテーターは、とにかく材料に触って早く試作してみることの重要性を指摘しました。参加者の役割でいう「実践者」としていかに早く実践してみたかということです。ちなみに、このワークショップのテーマは「デザイン思考によるものづくり」でした。

　この2つのケースは、全く同じアイスブレイク手法であるにもかかわらず、ワークショップの本題に入る前の思考や気づきの導入は全く違うものでした。当初、参加者は高さを競うという意識であったのに、実は「チームとして動けたか」や「いかに早く実践してみたか」という別の問いがあったことで、どちらのケースもファシリテーターや内容に対しての期待感が増したはずです。PとPの関係性だけではなく、FとPとOの全ての関係性をつなぐ意図を持ったアイスブレイクとして機能していました。

　アイスブレイクは、冒頭であるがゆえに参加者同士の関係性だけではなく、「テーマへの導入の場」「ファシリテーターの力量を魅せる場」とする仕掛けを盛り込んだデザインにすることが大切です。組織成立の3要素（26ページ参照）に絡めて言えば、「コミュニケーション」だけではなく、PのOやFへの関心として「共通目的」や「貢献意欲」にも触れる仕掛けを盛り込みたいということです。アイスブレイクの本来の役割が果たせるならば、別に有名なアイスブレイク手法にこだわる必要はありません。一般的な手法をアレンジしたり、独自のアイスブレイク手法を創ったりしても構いません。

3-3　ワークショップの組織構造の展開

(1) 多個人化

F・P・Oの関係性づくりの話をしましたが、次はF・P・Oの組み合わせによる組織構造の変化について考えます。組み合わせで何が変わるのか？と思う人もいるかもしれませんが、関係性のつなげ方次第で組織の持つ特徴が変化してきます。具体的には、多個人化、ペア化・チーム化、多ペア化・多チーム化、フラット化という4つの展開を比較して説明します。

まず図表3-5（58ページ参照）の見方を説明します。上段の変化は、Fは固定のままで、PとOの数を変化させていった場合です。Fがやり取りするPの数が増えていくとともに、Oも同数増えていきます。OはPが自己完結で取り組めるものです。下段の変化は、FとOは固定のままでPの数を変化させていった場合です。Oが固定なので、1つのOに対して複数のPが分担して取り組みます。上段と下段の共通点は、P同士はつながっていないので参加者間のコミュニケーションはありません。

学習塾を例に考えてみましょう。1人の先生が1人の生徒を教えるマンツーマンの家庭教師スタイルは、「FPO型」に該当します。1人の先生が複数の生徒を受け持つ個別指導塾のようなスタイルは、上段の「個人フラット型」に該当します。それぞれのPが別々のOに取り組む構造になっています。一人一人にあった学習内容で個別指導を提供する場面、学年の違う生徒にバラバラの科目を指導しているような場面は、これにあたるでしょう。一方、もし内容が同じならば、Pの参加度合いや学習内容をFは相対的評価することができ、暗黙的に競争意識が芽生えます。試験など同じ問題を生徒に取り組ませているような場面が該当します。下段の「個人分業型」

は、たとえば4人の生徒が1つの問題を設問ごとに分担して取り組むような場合です。この場合、Pの参加度合いや学習内容をFは絶対的にしか評価することはできません。

学習塾の例からワークショップの場面に話を移します。ワークショップと言えば「協働性」をイメージする人も多いかもしれません。協働性とはつまりP同士がつながっている状態から生まれます。しかし、実はワークショップでは時折、P同士がつながっていない「個人フラット型」「個人分業型」の状態が盛り込まれています。たとえば、チームでアイデアを出すワークショップも、「まず個人でアイデアを5分間で出してみましょう」というかたちで個人ワークを効果的に使おうとします。また、「自分の人生チャートを描きましょう」「自分の好きなこと、強みを出しましょう」というように

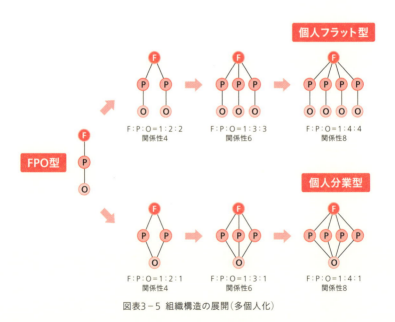

図表3-5 組織構造の展開（多個人化）

自己に向き合う個人ワークもあるでしょう。ワークショップはすべての時間で協働している訳ではありません。この場合に、Oの内容が同じ場合もあれば、異なる場合もあります。「相対評価が必要かどうか」「競争性を加える必要があるか」を考えたうえでOの内容を決定することが大切です。もし、相対評価も競争性も必要ではないのにOを同じ内容にする場合は、「他者と比較しない、競争ではない」ことを事前に参加者に伝えておくといいでしょう。参加者は安心安全でないとなかなか自己をオープンにできないものです。

(2) ペア化・チーム化

次に、FPO型から別の展開の仕方をしている場合を紹介します。まず図表3-6の見方を説明します。FとOは固定のままでPの数を変化させていくのですが、図表3-5とは違いP同士がつながっています。図で見ればそれだけなのですが、組織の持つ特徴はかなり違ったものになります。なお、Pが2人のとき（ペア）と3名以上のとき（チーム）で活用されるワークや活動も異なってきます。実務上の違いを考慮してあえて分けて書いていますが、Pの数の違いだけなのでペアも2名のチームとして扱うこともできるでしょう。

質的な特徴を説明します。P同士がつながることでオブジェクト

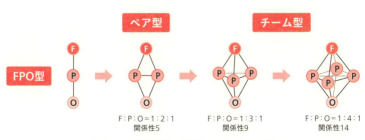

図表3-6 組織構造の展開（ペア化・チーム化）

Oは、P全員の共通対象となります。ですので、Pの取り組み方やプロセスを観察することはできても、Oは1つなので相対評価することは難しいです。P同士はチームの仲間として取り組みますので「協働性」が生まれやすい構造となります。チームでプロセスを共有したいときや、そもそもチームメンバー同士の関係を深めたいときに有効です。

　ワークショップの場面の活用を見てみましょう。たとえば、アイスブレイクの場面では、「隣の人と自己紹介をしてください」というときはペア型ですし、「自分たちのチームの名前を決めよう」ならばチーム型に当てはまります。他にも2人や3人でのロールプレイングや、チームでブレーンストーミングをするときもペア型・チーム型になります。ペア型・チーム型は、協働を目指したワークショップで最も多く見られる型であり、ワークショップでイメージする理想の型ではないでしょうか。

　なお、PとOのつながりが希薄になった場合は、FはOに直接ではなく、Pを通じて働きかける点も特徴的です。Fは直接Oを実践することがないのが原則です。たとえば、PがOに対して思考が進まない場合、FはPにOの答えを言うのではなく、Pに対して、問いかけや提案をしてPの思考を支援することです。

(3) 多ペア化・多チーム化

　先ほど紹介したチーム型は、「協働性」を目指したものです。もしOが複雑な課題であったりボリュームの大きな問題であったりする場合、もっと効率性を高めた組織構造にできないでしょうか。それは、チームを増やし役割分担を決めて分業することで並行処理することです。

　図表3-7の見方を説明します。左側は図表3-6にある「ペア型」

「チーム型」と同じです。同じOに対して、つながるペアやチームの数を2にしたものが右側の「ペア分業型」「チーム分業型」です。同じOという表現は、内容が同じという意味ではなく、つながっている2つのペアやチームによって完結する組織構造です。これは、片方のペアやチームだけでは完結しない関係、つまり「分業」であることを示しています。なお、「チーム分業型」も3次元表示が最も正確なのですが、紙面での表現が難しいのでチームとしてまとめ

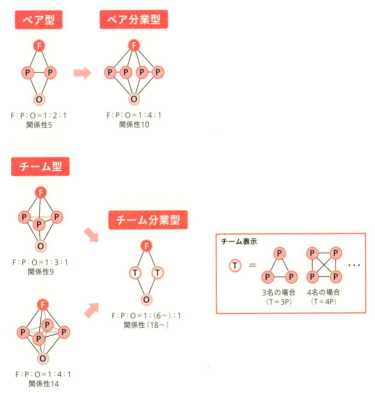

図表3-7 組織構造の展開（多ペア化・多チーム化）

た表記をしています。

　この場合、各チーム内のメンバーは仲間として「協働性」を持ちます。さらに、Ｏを分業するのでチーム間の「協働性」も高まり、結果として並行処理により「効率性」が高まります。これは言わば、チーム内の「協働」とチーム間の「協働」の両方を兼ね備えた「効率的」なワークショップの組織構造です。2章で述べた一般的なメーカー企業の組織構造である「機能別組織」を思い出してください（32ページ参照）。まさに同じかたちになっています。

(4) フラット化

　最後に、フラット化という組織構造の変化をみてみましょう。図表3-8の「個人分業型」「ペア分業型」「チーム分業型」と、「個人フラット型」「ペアフラット型」「チームフラット型」との違いは、別々のＯがチームにそれぞれあるという点です。別々のＯは内容が別々という意味ではなく、それぞれの個人・ペア・チームのみで自己完結できることを示しています。なお、先ほどと同様に、3次元表示が難しい「チーム分業型」「チームフラット型」はチームとしてまとめた表記をしています。

　「チーム分業型」から「チームフラット型」への展開を例にどのような変化が生まれるかみていきます。まず、チーム内のメンバー同士は仲間として協力するので「協働性」が生まれます。さらに、チームが2つありますが、Ｏはそれぞれのチームで自己完結できるので、もしＯの内容が同じであった場合は、チームの間で「競争性」が生まれます。つまり、チームの間でのアウトプットに対して相対評価が可能となります。これは言わば、チーム内の「協働」とチーム間の「競争」の両方を兼ね備えた「効果的な」ワークショップの組織構造です。2章で述べた一般的なメーカー企業の「事業部制組

織」を思い出してください。まさに同じかたちになっています（32ページ参照）。会社の目的や目標という共通のOのもと、事業部内では自己完結型でメンバーが協働しますが、事業部間ではよきライバルとして競争するかたちです。このような「協働」と「競争」は企業の競争力の源泉、組織活力を生み出す仕掛けになっていることが多いです。補足ですが、「チーム分業型」「チームフラット型」をチー

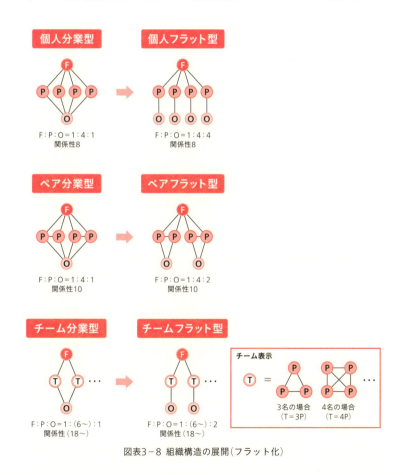

図表3-8 組織構造の展開（フラット化）

ムとしてまとめた表記で見ると、「個人分業型」「個人フラット型」とかたち上は同じ配置になっています。

(5) ワークショップの組織構造の展開図

(1)から(4)のように、組織構造をチーム化したり、多数化したり、フラット化したりすることで、組織構造を展開することができました。図表3-9にその変化を簡単にまとめています。組織構造の展開により、チーム内外で「協働性」や「競争性」を付加することで、実効力のあるワークショップ組織をデザインすることが可能になります。

図表3-10は、構造変化を網羅的に示した、ワークショップ組織構造の展開体系図です。横軸は参加者数の変化、縦軸は個人・ペア・チームへの構成の変化を表しています。展開条件は図表の注釈に記載しています。

次節では、この中から特徴的な組織構造の型をいくつか取り上げ、具体例をイラストで表現しています。

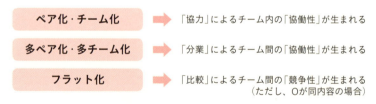

図表3-9 組織構造の変化と効果

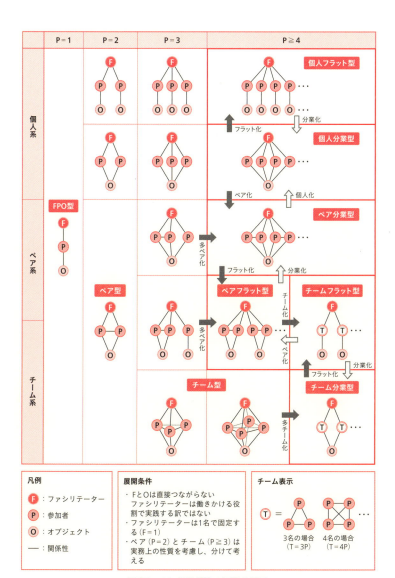

図表3-10 組織構造の展開体系図

3-4 代表的な組織構造の型

(1) 基本型

図表3-11 基本型の具体例

(2) 分業型

個人分業型

ペア分業型

チーム分業型

図表3-12 分業型の具体例

(3) フラット型

図表3-13 フラット型の具体例

3-5 ワークショップとチームの最適人数

　ワークショップ企画やファシリテーターを引き受けるときに、主催者から「何人まで参加可能ですか？」「最も効果的な人数は何人ですか？」という質問が出ます。先ほどの組織構造の例で挙げたよ

うに、12は、2でも、3でも、4でも、6でも割り切れる（2、3、4、6の最小公倍数である）ので、偶数・奇数のチーム分けの柔軟性があります。そもそも、2と3の最小公倍数が6なので、ワークショップの参加人数は「6の倍数」が基本になります。つまり、テーマや会場の条件にもよりますが、理想的な人数は、12名、18名……です。

　では、ワークショップの参加者の最大人数は何人が適当でしょうか。1名のファシリテーターがリーダーとして配慮可能な統制の幅という観点では、チームは最大で4班まで、つまり、6名チーム×4班で24名までが原則となります。もちろん、人数が増えるだけ配慮が薄まる分、発表や共有の場を厚くして、ある程度のフォローが可能という意味での最大人数です。ただし、実際には主催者の事情もあり最適人数でワークショップや研修が開催されるとは限りません。たとえば、24名以上になった場合はどうすればよいでしょうか。この場合は、組織構造に高さ（階層）を設けることで対処可能です。つまり、各チームにリーダー役を設け、リーダーに進行や作業方法を任せることで、ファシリテーターにとって適切な統制範囲が維持され、各チームへの配慮が行き渡るようになるでしょう。では、もし参加者が100名の場合はどうでしょうか。この場合も、24名を超えた時点で考え方は同じです。5名チーム×20班に分けて、各班の1名にリーダーの役割を担ってもらいます。万全を期すならば、サブファシリテーターを複数置くことで、困っている班へ臨機応変な支援をしてもらうとより円滑な運営が可能となるでしょう。なお、この規模のワークショップになれば、裏舞台での意思疎通や作り込みといった事前準備がより重要性を増してきます。

　他方、ワークショップの最小人数は何人でしょうか。ワークショップとしての組織を形づくるならば最小6名です。協働という意味で

のチーム形成が可能で、事業部制組織のような競争が生まれるようにするとなると、3名チーム×2班、2名チーム×3班、は必要です。では、もし参加者が3名の場合はどうでしょうか。2チームに分けると1対2の構図になってしまいます。この場合は、ファシリテーターの役割を変えることで対処可能です。つまり、ファシリテーター自身もチームに加わり、2名チーム×2班、もしくは4名チーム×1班で進行します。ファシリテーターは参加者を兼務するプロジェクトリーダー的な関わりが必要になってきます。

　なお、参加者が6〜24名の最適人数の範囲内であっても、6の倍数（6、12、18、24）になることは稀です。6の倍数で予定していても、当日に急遽欠席で人数が減る場合もあります。その場合は、事務局の人にワークに飛び入り参加してもらいましょう。たいていは喜んで協力してもらえます。急きょそのような状況になると戸惑う事務局の人もいますので、あらかじめオブザーブの条件として飛び入り参加があることをお願いしておくのも手です。

　次に、ワークショップを構成する各チームの人数は何名がよいのでしょうか。先ほど24名の場合は6名チーム×4班にしましたが、5名チーム×4班と4名チーム×1班に分ける場合もあります。しかし、決して8名チーム×3班にはしません。結論を言うと、各チームの人数は最大6名までがおすすめです。人数が増えるほど関係性を作るのが大変ということは自明ですが、最大6名には理由があります。図表3-14をみてみましょう。参加者が2名の場合は関係性の線は1本です。3名だと3本、4名だと6本、5名だと10本、6名だと15本です。人数の増加率よりも関係性の線の増加率の方が大きいことが分かります。一般化して、人数をn名とすると関係性の数はn(n−1)／2となります。

計算の仕方を書いておきます。

n名（n多角形）で、頂点から何本の線が出るかというと、自分自身へは引けないのでn−1本になります。その頂点がn個あるので、nと(n−1)をかけ算してn(n−1)本になります。ただし、自分自身から相手にひいた線は 相手から自分にひいた線と重なるので2で割る必要があります。よって、答えはn(n−1)／2本となります。

注目すべきは、4名と6名の場合を比較すると関係性の線の数は倍以上違う点です。それにもかかわらず、4名チームのときと6名チームのときとで、同じ活動内容、同じ進め方、同じ時間、で自動的にワークショップを実施してしまった場合、参加者に負荷がかかってしまうかもしれません。実際に、最大6名可能といっても短時間のワークショップでは、15本の線をつなぐのはなかなか難しいです。いくつかの線がない状態でも、どこかを間接的に経由してチーム全体としてはつながっていればよい、と割り切るしかない場合もあります。

このような図解をしなくとも、ワークショップの熟達者は経験的にチームの人数を3名〜6名にしているはずです。しかし、その背景には参加者の関係性の数が関わっており、さらに活動内容や時間、ファシリテーターの力量に照らし合わせたうえでチーム構成をデザインしているのです。

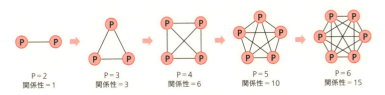

図表3−14 参加者と関係性の数

コラム

●歴史に登場するワークショップの組織構造

　歴史上にはワークショップと呼ばれていなくとも、ワークショップの組織構造を持つ人々の集まりが記録されています。

　図表3−15の上段の「枢密院会議之図」は、明治憲法草案の審議場面を描いたものです。枢密院とは、憲法などの国政の重要事項を審議するための機関です。馬蹄形にレイアウトがされた「チーム型」の組織構造になっています。ただし、これはゼロから草案を作り上げる場面ではなく、以前にメンバーが時間をかけて議論してきた草案について、最終調整や決裁を得ようという場面です。現在も、様々な組織において、会議が公式なものとなるほど、最終局面ではこのようなスタイルが採用されています。

　中段の「文学万代の宝」は、江戸後期の寺子屋の風景を描いたものです。寺子屋は、子供に読み書きや計算を教える民間の教育施設です。左右どちらも、師匠だけでなく、子供に寄り添う助手がおり、メインとサブの複数講師体制です。また、机の配置もバラバラです。本来は「個人フラット型」で参加者同士の関わりを減らし、個々の学習内容に取り組むはずが、講師の目の届かない所では、勉強以外のことを子供同士で楽しんでいます。もちろん、当時の寺子屋では、道徳や礼儀作法も厳しく指導されたそうなので、この絵ではその秩序が守られていない様子とともに、子供の無邪気さや学ぶ大切さを肯定的に描いたものと思われます。

　下段の「官金取立寄合」は、江戸時代の高利貸業者たちが、官金と呼ばれる貸したお金をどのように取り立てるか議論しています。左右どちらも、ファシリテーター1名と参加者8名による「チーム型」の組織構造になっています。チーム人数が6名を超えているので、議論に参加していない人や、さらにチームが2つに分かれているようにもみえます。頭を抱えたり、腕組みをしたりと、アイデアや意見に行き詰まっている様子が描かれています。

枢密院会議之図
画：楊洲周延　明治21年10月　「憲政資料室収集文書」1133
（国立国会図書館）

文学万代の宝（始の巻・末の巻）
画：一寸子花里
弘化年間（1844～1848）頃
東京誌料　3920-C1-1,2
（都立中央図書館 特別文庫室）

官金取立寄合
作者・版元：不明
（国立国会図書館）

図表3-15 歴史に登場するワークショップの組織構造

4 ワークショップの組織デザイン

4-1 プロセス重視とアウトプット重視

3章では、F・P・Oからなる組織構造の展開と特徴を押さえました。では、実際にこれらのことを踏まえてどのようにワークショップの組織構造を組み合わせればよいのでしょうか。4章では、ワークショップの2つの方向性を示したうえで、ワークショップの組織デザインについて考えていきます。

ワークショップの目的を考えると、プロセス重視とアウトプット重視という2つの方向性があります。プロセス重視とは、参加者の参加そのものを目的とする場合や、参加者全員の合意形成が目的となる場合です。このとき、アウトプットの質はそれほど重要ではありません。たとえば、まちづくりのワークショップの初期段階では、メンバーが参加すること自体、メンバーがどのような意見を持っているかを出し合うこと自体が、目的の場合もあります。ワークショップが長期的であるほど、丁寧に時間をかけて関係者同士をつなげることが大切だからです。また、対立関係を解消することが目的のワークショップもあります。この場合も無理にアウトプットを求めようとすると失敗します。なぜ対立しているのか、どの部分で対立しているのか、対立軸を明確にしたり、双方の意見の背景を確認したりしながら、小さな合意部分を1つ1つ積み上げていくことが大切です。

一方、アウトプット重視とは、最終的な成果をみえるようにする

ことが目的の場合や、アウトプットをより良いものにすることが目的の場合です。チームづくりや参加者同士のコミュニケーションは基本的に重要なのは変わりませんが、必要以上に全員の参加や合意形成を促しません。最終的なアウトプットを目指して、あえてチーム内での競争や対立を認めて進めます。たとえば、デザインコンペや建築設計競技など、一番を目指して最高のアウトプットを目指す場合です。ファシリテーターは全員の納得度に配慮はしますが、目的が勝つことなので、革新的な意見や積極的な意見をどんどん採用していきます。発言しない人に「あなたはどう思いますか」と丁寧に参加を促したりしない場合もあるでしょう。ただし、これは組織成立の3要素（26ページ参照）が崩壊するリスクを常に孕んだやり方ですので、どのラインまで許容するかの見極めが大切です。

　もちろん、ワークショップの実践においては、プロセス重視かアウトプット重視かという二者択一ではありません。プロセスとアウトプットのバランスを目指すワークショップもあります。また、どちらかを手段、どちらかを目的にする場合もあります。たとえば、ワークショップのタイトルが「貯金箱を作る」で同じであっても、プロセス重視かアウトプット重視かで大きく異なります。プロセス重視であれば、貯金箱を作ることは手段であって、モノづくりの面白さを学ぶことや、素材の変化を感じることなど、目的が別にあるかもしれません。一方、アウトプット重視であれば、貯金箱を作ること自体が目的になります。

4-2　プロセス重視では"個人で"「ぐるっと一回り」

　この節では、プロセス重視のワークショップに欠かせない重要な考え方を提示します。プロセス重視のワークショップは、たとえば、まちづくりで合意形成を目指す場合や、教育学習で真の理解を目指

す場合などです。

　まちづくりの「トップダウン－ボトムアップ」という構図は前述しましたので（15ページ参照）、ここでは教育学習の場合を例に挙げてみましょう。最近は減りつつありますが、大学ではいわゆる一方向の講義型の授業がまだまだあります。若い学生達は、アルバイト、サークル、就活と忙しいので授業を欠席したり、これらの授業時間を睡眠時間に充てたりします。では、一方向な講義型の授業を全ての学生が欠席したり睡眠に充てたりしているかというとそうではありません。一部の学生は、一方向の講義型であってもどんどん知識を得て自分のものにしていきます。ただし、それを「その学生は関心があったから」「その学生はそもそも優秀だから」と学生の態度や資質に理由を求めるのは短絡的すぎます。実際に、学生達を観察していると、ある講義型授業で寝てばかりいた学生が、他のテーマの講義型授業では積極的に傾聴しています。何が学生達を学習へと向かわせたのでしょうか。学生の態度や資質以外にも、先生の好み、内容の必要性、など可能性のある要因はたくさん考えられるのではないでしょうか。

　一方で、学生に講義アンケートをとり、講義の責任を先生側のみに問う大学もあります。これでは、学生の満足度だけを意識した授業をするミーハーな先生ばかりになってしまう可能性があります。また、大学教育を含めた教育業界全般の傾向として、まるで講義型が悪で参加型が良いのだという論調もありますが、本当にそうでしょうか。

　今度は、参加者の理解や学習という観点で話をします。図表4－1（78ページ参照）は「真に理解するプロセス」を2軸で描いた図です。縦軸は抽象か具象かというオブジェクトの状態、横軸は内面か外面かという認知の状態、を示しています。ここでの「理解する」とは

「本当に理解する」「腹落ちする」という意味の理解です。理解には様々なステップがありますが、単なる「分かった（つもり）」ではなく「他人に説明できるレベル」を想定しています。

いわゆる講義型というのは、先生が学生に一方的に伝えるという方法を取ります。これは、上図の矢印のように先生の知識を「最短距離」で学生に伝えようとするものです。しかし、表面上は分かったつもりでも、実は真の理解にはまだまだ遠いです。たとえば、授業では理解したのに次の日には忘れている、自分で文章にまとめようとすると手がとまる、他人に説明しようとすると何を話していいかすぐに浮かばないなど、誰しも経験があるのではないでしょうか。真に理解できていなかったことが如実に明らかになります。真の理解に辿り着くには、下図のように一旦混沌を受け入れ、自分ごととして試行錯誤するという「遠回り」が必要になります。では、前述した講義型ですぐに自分のものにできた学生は、最短距離で理解できたかというと実はそうではありません。よほどの天才は除きますが、1度聞いて分かる場合のほとんどは、実は過去に具体的に体験したことがあったり、自分が以前から関心や疑問を持っていたり、何か具体的な仮説やイメージを持っていたり、というケースではないでしょうか。つまり、下図の矢印のように「瞬時にぐるっと一回りした」のではないかと思います。

「瞬時にぐるっと一回り」した場合もありますが、実際には、初めて取り組むテーマや内容であれば、いきなり「ぐるっと一回り」することはできません。講義型だけで一回りしようと思うと、講義後に自分で関連書籍を読んだり、演習や実践をしたり、仲間を見つけて議論したり、不明な点を先生に質問したりと、かなりの労力と時間がかかります。このように、最短距離で理解するのは困難を伴うので、講義型は要領のいいやり方に見えて、実は本当に腹落ちす

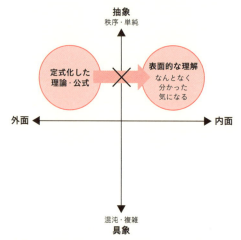

「直線的(最短距離)」では、真の理解には辿り着きにくい

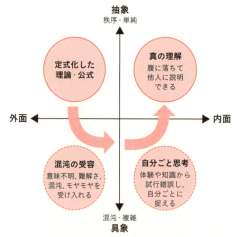

個人で「ぐるっと一回り」することで、真の理解に辿り着ける

プロセス重視型ワークショップでは、個人で「ぐるっと一回り」を仕掛けとして埋め込む

図表4-1 個人で「ぐるっと一回り」

るためにはむしろ「遠回り」なのかもしれません。余談になりますが、大学の先生の中には、これらの講義外での自助努力に挑戦した者のみ認めようと、あえて抽象度の高い難解な講義をする先生もいます。これは例外として、世の中のほとんどの学習においては、もう少し効率的に学習が進むほうが現実的だと思います。

　そこで提案したいのが、ワークショップで「ぐるっと一回り」させることです。この仕掛けをワークショップの様々な活動として組み込むことが、プロセス重視のワークショップの指針となります。遠回りのようですが、実は腹落ちすれば記憶の定着もよく、真の学習目標の達成という点では実は「近回り」だと思います。加えて言えば、「ぐるっと一回り」すると何かしらの成果物がついてきます。この成果物は、試作品などの具体的なモノである場合もあれば、企画案や計画案などのコトの場合もあるでしょう。どちらの場合も、「ぐるっと一回り」したからこそ得られる貴重な「試作」でありえますし、この試作品を作ることを目的にワークショップをデザインすることもあるでしょう。

　では、この「ぐるっと一回り」をするにはどうすればいいでしょうか。もし先生と生徒が1対1ならば、それはいわゆるコーチングやカウンセリング、コンサルティングと言われるスタイルで、生徒の話を傾聴したり、考えさせる質問を交えたりすることが効果的だと言われています。投げかけられた問いに答えることで、自分ごととして捉えやすくなり、結果として真の理解が進みます。では、先生と生徒が1対多の場合はどうでしょうか。先生が一人一人とやりとりするには物理的・時間的に限界がある中で「ぐるっと一回り」を目指すとき、どんな工夫や仕掛けをデザインするでしょうか。「ぐるっと一回り」を「ワークショップデザインの指針」とすれば、その中に組み込まれる工夫や仕掛けは「活動のデザイン」になります。

また、「ぐるっと一回り」を行う場をどうするかは「環境のデザイン」になりますし、「ぐるっと一回り」をするための先生の振る舞い方は「ファシリテーションのデザイン」になります。具体的に考えていくと、例えば「ワークショップの目的や目標をどうするか」「ワークショップの場をどう作るか」「どういうワークや演習をするか」「ファシリテーターはどのように関われば良いか」などが思い浮かぶでしょう。これらは本章の後半でお話します。

　また、計画したとおり進行したが、参加者がどうも「ぐるっと回っていない場合」には、その場でアクティビティや進行方法を、柔軟かつ即興で組み替える必要があるかもしれません。つまり、これらをよく考えると、状況に応じて柔軟に変更を加えながら進めるスタイルが、「ぐるっと一回り」にどうしても必要になってきます。決して、講義型が悪い訳ではありませんし、参加型が良いとも限りません。後述しますが、講義型も状況によっては有効な型であり、「ぐるっと一回り」をするために様々なモデルを組み合わせてワークショップをデザインしていく必要があります。

4-3　アウトプット重視では"チームで"「ぐるっと一回り」

　次に、アウトプット重視の場合はどう考えればよいでしょうか。アウトプット重視の場合とは、たとえば新しい製品の試作品を作るワークショップや、イベントなどの計画案や企画案を作るワークショップです。先ほどのプロセス重視と違う点は、参加メンバー全員の参加や納得の重要度は下がります。つまり、「個人でぐるっと一回り」が出来ていないメンバーがいたとしても、問題にしないこともあるということです。たとえば、「Aさんが議論についていけない」「Aさんが意見を言わない」ことがあっても、無理に意見を求めたりはしません。また、「Bさんはチームのアイデアに納得し

ていない」「Bさんの考えがチームと違う」ことがあっても無理に合意形成することもありません。ただし、メンバーの関係性が分断されたり、組織として機能しなくなったりするのは論外です。ファシリテーターが「Bくんの意見は面白いけど、今回の試作品とは別の切り口なので保留にしよう」と伝えるなど、配慮が必要です。

　アウトプット重視の場合の重要な考え方を図表4-2（84ページ参照）にまとめています。上図のように、既存の理論や公式からいきなり仮説や試作を作ろうとしがちですが、実はこれが簡単ではありません。もし出来たとすれば、既存の理論や公式を焼き直しただけのもの、言い換えただけのものかもしれません。仮説や試作、新しい理論に辿り着くには、下図のようにプロセス重視と同様に左回りのサイクルで「遠回り」することが必要です。既存の理論や公式をいったん括弧に入れる、つまりゼロベースで考え直す混沌とした状態を経て、試行錯誤の末に、新しい理解や解釈が生まれます。それを仮説や試作品として見える化をすることでようやく1つのアウトプットが生まれます。

　プロセス重視の図表4-1（78ページ参照）との違いは3点あります。1つ目は、アウトプット重視の場合は、第1象限（左上の仮説・試作品）まで回りきる点です。2つ目は、前述したように主体が「チーム」であり、個人の参加や理解度が絶対ではないという点です。3つ目は、図表4-2に示すようにこのサイクルを何度も繰り返す点です。

　アウトプット重視のワークショップを終えたときに、参加者からよく発せられる2種類の意見から考えてみましょう。1つ目は、「もう少し時間があればもっと良いものができた」「時間不足でアウトプットの質が悪くなった」という意見です。もっともな意見であり、もっと時間があればもっと良いものができたでしょう。しかし、実はこれはワークショップの本質ではありません。ワークショップは

前提として時間や資源が限られています。その中で、精一杯の仮説や試作品を作る場であるので、アウトプットはまだまだ改良の余地があるのは当然のことです。むしろ、改良の余地、つまりアウトプットから新たな気づきやアイデアが出ることが、アウトプット重視のワークショップの本質です。

　2つ目は、「もう少し事前調査ができれば良いものができた」「データが不十分でアウトプットの質が悪くなった」という意見です。これももっともな意見であり、根拠を持って質のいいものを作りたいという想いは素晴らしいと思います。これらは、おそらく「サイクルの回数を少なくしてより効率的に進めたい人」なのかもしれません。しかし、これもワークショップの前提を見落としています。なぜなら、いかに調査項目を詳細にして、いかにデータを精緻にしても、実は現状把握にはきりがありません。完全な情報収集というのは本人の自己満足かもしれません。また、事前の情報収集には膨大な時間と労力がかかるのに対し、アウトプットを出すのに必要な情報は実は限られています。しかも、試作してみてこそ得られる情報もあります。ワークショップでは、限られた時間と資源の中での仮説や試作品にこそ、創造的な価値あるアイデアが詰まっています。たとえ失敗作であっても価値があります。それについて議論し、次にどう活かしていくかがアウトプット重視のワークショップの本質です。

　このように、「時間的資源」や「情報的資源」が限られる中で、いかにアウトプットを作るかがワークショップで問われています。補足ですが、近年は企業ではタイムベース競争と言われるように、時間や情報の効率性を重視した企業間競争が展開されています。それに伴い、ビジネスの諸活動でも「考えながら動く」という仮説思考や、ラピッドプロトタイピングに代表されるデザイン思考が脚光

を浴びています。ワークショップはそれらの思考に合致した場であると言えます。

　最後に、実際のワークショップの現場では、この章で挙げたプロセス重視とアウトプット重視の方向性を打ち出さずに進行していることがあります。現場のファシリテーターでさえどちらを重視しているか分かっていない場合もあります。途中まで全員参加を目指してプロセスを回していたのに、途中から個人をおざなりにして混乱をきたすケースを見受けます。逆に、アウトプット重視だったのに、試作やアイデアがいまいちなので急に学びを強調しだすケースも見受けます。企画者やファシリテーターはアウトプット重視とプロセス重視の違いを認識し、メンバーにどちらを重視するのかを、事前あるいは冒頭ではっきりと意思表示する必要があるのではないでしょうか。

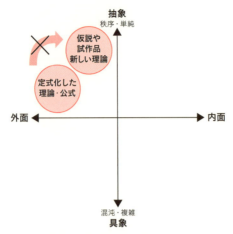

既存の理論や公式を「そのまま」適用するだけでは、
仮説や試作、新理論には辿り着きにくい

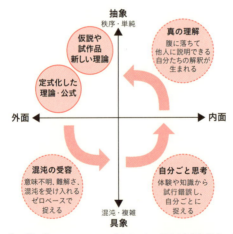

チームで「ぐるっと一回り」を繰り返すことで、
仮説や試作、新理論に辿り着ける

**アウトプット重視型ワークショップでは、
チームで「ぐるっと一回り」を仕掛けとして埋め込む**

図表4-2 チームで「ぐるっと一回り」

4-4 ワークショップの組織構造の組み合わせ

(1) 個人と全体(関係性の変化)

　プロセス重視かアウトプット重視か、どちらか方向性が定まったならば、次にどのような組織構造の組み合わせにするか、どのような順番にするか、をデザインする必要があります。ここでは、おすすめの組織構造パターンを3つ紹介します。組織構造が変化することで、「関係性の変化」「情報の量の変化」「情報の質の変化」という3つの変化を組織にもたらすことができます。具体的には、図表4-3(86ページ参照)のような構造変化の流れをもとに説明していきます。なお、簡易的に参加者4名、ファシリテーター1名としています。

　最初に、個人での作業・意見・体験をペアやチームで共有するプロセスを踏んでいます。組織構造としては「個人フラット型(関係性8)」から「チーム型(関係性14)」へ移行しているように、参加者間の関係性はより密になっています。チームの方向性・コンセプトが定まった後は、具体的なアイデアや試作に向けて、今度は全体から個人へのあえて関係性を減らす変化を持たせています。ワークショップでは、常に全体で一緒に何かをする、つまり参加者同士がつながっている状態で活動をする訳ではありません。むしろ、そのときの活動の主旨に合わせて個人と全体を行き来しながら、関係性の増減を組み込むことが大切です。

(2) 発散と収束(情報の量の変化)

　次に、図表の発散と収束の折れ線に注目してみましょう。これは情報が発散して増えているか、もしくは収束して減っているか、を示しています。情報量でみた場合には、このように発散と収束を繰り返しながら進行していることが分かります。ワークショップでよく用いられる手法にKJ法があります。川喜田次郎氏が発案したア

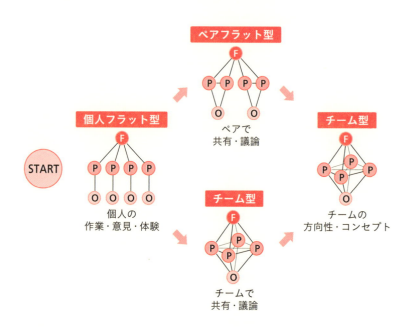

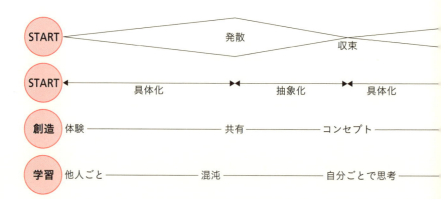

図表4-3 組織構造のパターンと変化

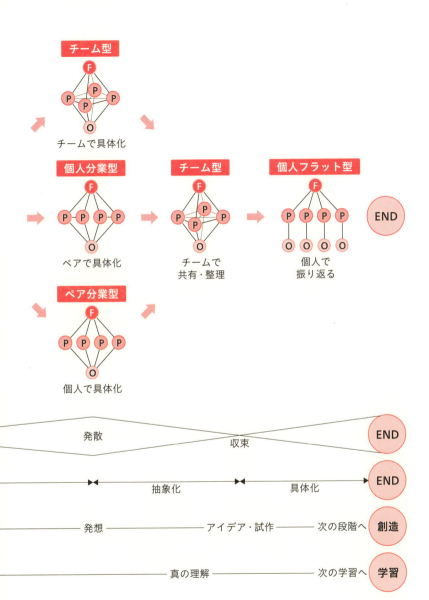

イデア発想法の1つです。KJ法では、アイデア発想の段階と整理する段階にプロセスを分けています。発想の段階では、ブレーンストーミングでとにかくアイデアの量を出し発散をさせます。それを全員が共有したうえで、整理する段階で似た意見同士をまとめてカテゴリー化することで収束させていきます。カテゴリーにどのような名前をつけるかも重要です。このように、ワークショップでは発散と収束により情報量をコントロールすることで、参加者の理解や気づきを整理することが大切です。なお、複数回のワークショップがある場合は、発散したままで終えることも現実的には起ります。ただし、その場合も複数回のワークショップ全体からみると、この発散と収束を繰り返しているはずです。また、発散で終わる回も「どこまで発散したか」という状態の確認をして、次回につながるようにする工夫が必要です。

(3) 具体化と抽象化(情報の質の変化)

　次に、情報の質に注目しましょう。(2)で情報の量の変化を述べましたが、収束したときに情報量が減るのは、決して単に減った訳ではありません。KJ法のプロセスで述べたように、混沌とした具体的情報が目にみえるかたちで抽象的かつメンバーが納得できる情報へと変化します。これは言わばコンセプト化であり、情報の質が向上したと言えるでしょう。また、図表の後半では収束した方向性やコンセプトをもとに具体的なアイデア発想へと進んでいます。例として創造活動や学習活動での大まかな流れを参考に書いています。このように、ワークショップでは情報を具体化したり抽象化したりと、思考レベルの上げ下げをすることで情報の質を変化させていることが分かります。

ワークショップは、多様な分野で活用されていますが、その根幹にはこのような「関係性の変化」「情報の量の変化」「情報の質の変化」を連続的に組み込むことで、ワークショップのプロセスとアウトプットを目指す組織であると言えます。プロセスに関して言えば、図4－1（78ページ参照）の「ぐるっと一回り」で述べた左回りの矢印は、まさに関係性と情報の変化を表しているとも言えます。

　ワークショップの組織構造の変化を捉えることは、単なる席のレイアウトを変えることではなく、このような関係性と情報の言わば意図的なコントロールを可能にするのです。

(4) ワールドカフェの組織構造

　ワークショップという言葉も比較的新しいですが、最近では「ワールドカフェ」という新しい言葉も登場しています。ワークショップを組織で捉えるならば、これらは組織構造の組み合わせを工夫した一形態であると言えます。

　ワールドカフェは、テーブルごとに複数のメンバーがグループを作り、特定のテーマで自由に意見を出し合います。その発言内容はテーブルに置かれた模造紙や付箋にみえるかたちで残していきます。一連の対話が終わると席替えをします。このときグループの1名が説明役としてテーブルに残り、他のメンバーは別のグループへ席替えをします。新たなメンバーのグループが出来上がると、まず残った説明役がどのような意見が出たかを新たなメンバーに説明をします。その後に再度自由な対話と記録を続けていきます。このサイクルを複数回繰り返すことで、他人の様々な意見に耳を傾け、全員の意見の共有化を図ることができます。「ワールドカフェ」は、組織開発の手法として近年よく話題に上がります。組織開発では、全員の意見を共有することが理想ですが、現実的には全員の意見を

同時に共有することはできないというジレンマがあります。ワールドカフェの面白い点は、複数グループでのメンバーを連鎖的に入れ替えることで、そのジレンマを解消している点だと思います。

　ワールドカフェを組織構造で説明すると、図表4-4のようになります。前節で述べた「関係性の変化」「情報の量の変化」をみてみましょう。関係性の変化は、次々にメンバーが入れ替わるので、結果的に多くの参加者同士がつながることになります。会社では人事異動で部署のメンバーが定期的に入れ替わりますが、ワールドカフェは言わば、上司以外のメンバーが数分単位で異動を繰り返しているイメージでしょうか。また、情報の量の変化ですが、図にあるように模造紙などに書かれた情報量は、ストックされていくのでどんどん増加していきます。一方、発散と収束を繰り返してはいますが、すでにストックされた情報以外を加えていくとなると、徐々に発散の幅が小さくなります。つまり、情報が増える加速度は小さくなっていきます。何度かこのサイクルを繰り返すと、いずれは意見がつきる、つまり参加者全員が思ったことや意見を吐き出したことになるでしょう。

　もちろん、ワールドカフェが何でも解決してくれる訳ではありません。新しい手法はつい一人歩きしがちです。もうお気づきと思いますが、ワールドカフェはあくまでワークショップを進行する際の組織構造の組み合わせの一例でしかありません。ワークショップの本来の目的や目標にあわせて取り入れるべきか考える必要があるでしょう。

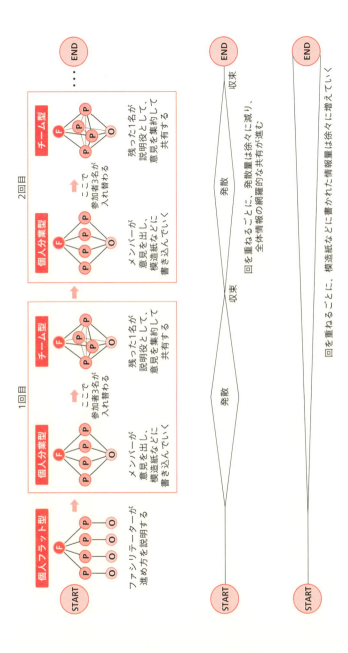

図表4-4 ワールドカフェの組織構造

4-5　ワークショップの組織デザインプロセス

　これまで組織構造のデザインについてみてきました。ここでは、ワークショップの組織デザインにおいて考慮すべき項目とプロセスについて述べます。

　企業研修の講師を引き受けるときを例に挙げて考えてみます。実際、企業の人事担当者からどのように依頼されるでしょうか。概ね3つのパターンがあります。

　1つ目は、「上司と部下が職場で話さないのだけど、どうしたらいい？」というような依頼です。上司と部下の会話がないという現状の問題点だけが浮かび上がっている状態です。2つ目は、「中期経営計画で組織活力向上を目指すのだけど、何をしたらいい？」というような依頼です。組織活力向上という漠然としたゴールだけが示されて現状や問題点がみえません。この2つは、非常に漠然とした問題点やゴールのみの状態での依頼なので、誰が依頼を受けても、おそらく担当者とよく相談するプロセスが自然におきると思います。具体的には、問題を具体的にヒアリングして掘り下げ、どういう姿を目指すのか、そして課題解決にはどのような手段が最適なのか、といったコンサルティング的なやりとりが入るでしょう。

　最後の3つ目ですが、これが最も多いかたちです。それは、「コミュニケーション研修を1日やってください」というような依頼です。講師を引き受ける立場ならばどうしますか。プロの研修講師でも「コミュニケーション研修ね、じゃあ、自分のプログラムがあるからそれをやろう」と考えるかもしれません。しかし、このときに気をつけないといけないのは、この依頼は手段だけが提示されている点です。このような依頼においても、前の2つの依頼のように、現状の問題点やゴール、方法など、思考の幅を広げる必要はあるのです。つまり、3つ目の依頼が来たら、「そもそもなぜ研修をするのか」

「なぜテーマがコミュニケーションなのか」「誰と誰のコミュニケーションなのか」「なぜ1日なのか」「なぜ自分に依頼したのか」など確認する必要があります。なぜなら、これらを押さえないままに既存のプログラムで当日実施するのはとても危険だからです。言い換えると、ワークショップの組織デザインを考えるうえでの材料が少なすぎるからです。研修以外のワークショップの依頼でも似たことが起きます。「3時間で何か面白いワークショップをしてください」「ワールドカフェをやってみたい」など、かなり漠然とした依頼が多いものです。

ワークショップの組織デザインのプロセスを、図表4-5にまとめています。もしゼロからワークショップを企画するならば、順番どおりにまず「理念」から考えて、「5つの資源」(96ページ参照)を踏まえた「プログラム」を構成します。そして、「組織成立の3要素」(26ページ参照)がきちんと満たされる仕組みがあるかをチェックするという流れです。最後に、終了後の「フィードバック方法」をあらかじめ決めておくことも大切です。しかし、前述したように、実際にワークショップの依頼を受けた場合は、おそらく「理念」の切り口で依頼が来ることは少ないでしょう。もし「ワールドカフェをしたい」という依頼が来た場合は、「なぜワールドカフェをしたい

図表4-5 ワークショップ組織のデザインプロセス

のか」「どういうテーマでしたいのか」など、このプロセスを遡るように、依頼者とよく相談する必要があります。

これら5つのステップでの考慮すべき項目と、思考を深めるための質問を詳しくみていきます。

❶ ワークショップ組織の「理念」を明確化する

1つ目は、組織の「理念」です。図表4-6のように、一般的に企業理念は、「ミッション」「ビジョン」「バリュー」で表現することができます。これらは、企業経営を行う際の「軸」として機能します。戦略や計画実施段階で判断に迷うときは、この理念に立ち戻ることが重要です。企業組織は、理念を明確にして企業内外に打ち出すことで、企業活動の方向性をマネジメントしながら持続的な組織運営を行っています。

ワークショップの組織デザインにも、これらの軸となる「理念」が必要です。たとえ短期間のワークショップであっても、ミッション・ビジョン・バリューは必ず押さえる必要があります。ミッション（WHY）は、何のためにワークショップをするのかという、ワークショップの本来の目的です。ビジョン（WHAT）は、目指すゴー

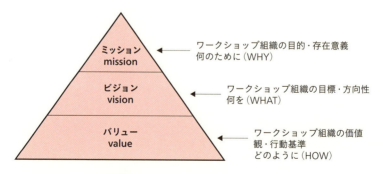

図表4-6 ミッション・ビジョン・バリュー

ルや目標です。その回に限ったゴールや目標という短期的なものもあれば、その先の長期的なビジョンを描くこともあります。バリュー（HOW）は大切にする価値観や行動基準です。これに基づき、ビジョンを達成するための具体的なプロセスやシナリオを描いていきます。前述した「ワールドカフェをやってみたい」という依頼は、まさにバリューを具体化したプロセスだけが浮いた状態で、上位概念である、本来の目的のミッションと、目指すゴールのビジョンが欠落しています。仮にこの依頼を組織デザインの軸として整理すると、次のようになります。

・ミッション（WHY）：「〇〇プロジェクト成功の土台を固める」
・ビジョン（WHAT）：「〇〇プロジェクトにかけるメンバー全員の想いや意見を共有する」
・バリュー（HOW）：「全員集合してワールドカフェを開催する」

このようなミッション、ビジョンがあれば、ワールドカフェを開催することに問題はないでしょう。もちろん、本来の目的さえ達成できればいいので、ワールドカフェでなくても問題ありません。「個人－全体」「発散－収束」「具体－抽象」を織り交ぜたオリジナルのワークショップをデザインしてもいいですし、もっとくだけて、合宿して語り明かしてもいいですし、バーベキューや焚き火を囲んで談話してもいいでしょう。

なお、次ページの図表4-7に思考を深めるための質問を用意しています。ワークショップ企画の際はまずこれらの質問に明確に答えることできるか検討してみてください。

図表4-7 ワークショップ組織の理念

❷ワークショップの組織に必要な「5つの資源」を押さえる

　次は、ヒト（人的資源）、モノ（物的資源）、カネ（金銭的資源）、情報・ノウハウ（情報的資源）、時間（時間的資源）という5つの資源を確認して確保します。この5つの視点で考えることで、ワークショップの開催準備をモレなくダブりなく行うことができます。具体的には図表4-8にチェックポイントとなる問いを列挙しています。この中で、ヒト・モノ・カネの3つは、もし依頼されたワークショップであれば主催者側次第になりますが、事前にどの程度が準備可能かを確認する必要があります。また、情報・ノウハウは、ワークショップをデザインする側、ファシリテーター側の確認事項になります。特に、1章で述べたドメイン（8ページ参照）について、今回のワークショップを提供できるだけの専門領域と立ち位置を示せるか、十分に検討する必要があります。

❸ワークショップ組織の「仕掛け（プログラム）」を具体化する

　ワークショップの「理念」と「5つの資源」を押さえたうえで、いよいよ具体的なプログラムを作成します。この部分はワークショップ当日の表舞台でみえてくる部分です。本書では、プログラ

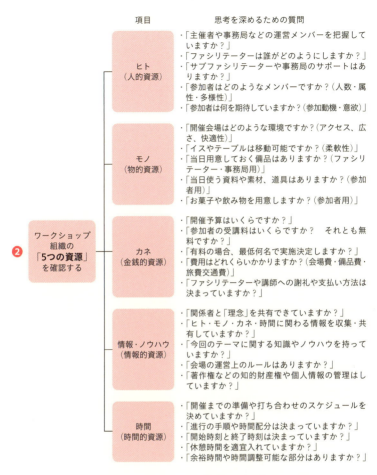

図表4-8 ワークショップ組織の5つの資源

ムを「仕掛け」と呼んでいます。これは、単にワークを並べるのではなく、「関係性の変化」「情報の量の変化」「情報の質の変化」を連続的に組み込み、参加者やチームが自分ごととして「ぐるっと一回り」できるようにという意図を込めて、「仕掛け」と呼んでいます。

図表4-9のように、仕掛けは「コンテンツ（内容）」「デリバリー（伝達手段）」「オペレーション（運営方法）」という3項目で構成されています。「コンテンツ」はアイスブレイクやワークなどの活動であり、これらを具体的に内容を整理し構成を固めることが重要です。文字や写真をみせるスライドや、配布物の内容も含まれます。ただし、気をつけたいのはコンテンツばかりに注力しすぎないことです。次の「デリバリー」はコンテンツを参加者に対して分かりやすく的確

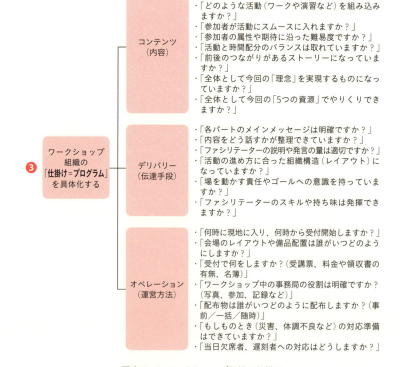

図表4-9　ワークショップ組織の仕掛け

に伝えることで、実はワークショップではコンテンツ以上に大切な部分です。デリバリーには、言語要素、視覚要素、聴覚要素の3つが関わります。言語要素については、たとえば、思考を深める質問の1つ目に「各パートのメインメッセージは明確ですか？」とあります。メインメッセージが明確であれば、1分でも10分でもいかようにも伝えることができます。参加者の状況や残り時間に合わせて柔軟に対応する必要があるワークショップでは大変重要な点です。視覚要素は、身だしなみや、立ち位置、表情、視線、ジェスチャー、姿勢、などです。これら非言語的な要素も伝わりやすさにつながります。聴覚要素は、言葉づかいや、声の大きさ、抑揚、話す速度、間、などです。これらの3つの要素全てを意識しようとするのは難しいです。基本的に、メインメッセージが明確であれば、自然と視覚・聴覚要素も発揮されるものです。実際のところ、デリバリーの大半はファシリテーターのスキルや持ち味に頼るところも多く、熟達者であれば問題が顕在化しないこともあるでしょう。3つめの「オペレーション」は当日の裏舞台での運営活動です。全員が機動的に動けるよう、運営方法や時間、担当などを詳細に決めておきましょう。

　ワークショップ入門者ほど、いきなりプログラムを考えようとします。前述した「ワールドカフェをしたい」という例のように、特にコンテンツに走りがちです。もちろん、プログラムから考える場合もありますが、どこかのタイミングで「理念」や「5つの資源」を随時確認しながら進めることになるはずです。理念から進む方が議論も整理でき、デザインもスムースになります。

❹ワークショップ組織の「組織成立の3要素」を確認する
　これは、❸で作成した「仕掛け（プログラム）」が、ワークショッ

プの組織として上手く回るかをチェックするためのステップです。実は、裏舞台で準備する中で❶〜❹のプロセスを踏むこと自体が、ワークショップ的な仕掛けになっています。つまり、「発散−収束」「具体−抽象」という流れを入れています。❶はミッション→ビジョン→バリューという「具体−抽象」を行き来する流れがあります。❷は、❶で「理念」として確立したものを「5つの資源」から「発散−収束」を繰り返し、要件を掘り下げていくプロセスです。❸は、理念実現につながる要件を満たすような「仕掛け（プログラム）」を考えるという「具体化」のプロセスです。そして、❹はこれまでデザインした内容をチェックする、言わば、「振り返り」のような位置付けです。図表4−10に示した「組織成立の3要素」に関わる思考を深める質問に答えられるようであれば、ワークショップの組織デザインは問題ないでしょう。ワークショップは当日の状況依存的な側面はありますが、この「組織成立の3要素」をしっかり確認して

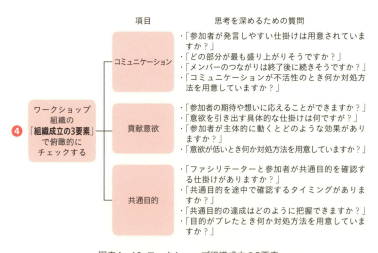

図表4−10　ワークショップ組織成立の3要素

おけば失敗する確率は格段に減ります。ファシリテーター経験が浅い人でもこの準備をすれば、自信を持って当日に臨めると思います。

❺ ワークショップ組織の「フィードバック方法」を決めておく

ワークショップは状況依存的に進行します。また、ワークショップを大きくみれば、ワークショップそのものも限られた資源の中で、試作品や仮説を生み出すプロセスの一部です。決して1回限りで終わるものではなく、次のワークショップへの課題や改善点が示され、そのサイクルを進めていくことになります。その点で、図表4-11に示す、今回のワークショップを実施した後の振り返りや評価、関係者へのフィードバックはとても重要です。その際、多面的な切り口を考えておきます。たとえば、「ファシリテーター視点／参加者視点／主催者視点」や、「プロセス／アウトプット」「できたこと／できなかったこと」などです。具体的に振り返りシートやチェックリストなどのツールを用意しておくことも大切です。当日のみに注力して意外と疎かにしやすいのが裏舞台の活動、とくに事後の活動だと思います。

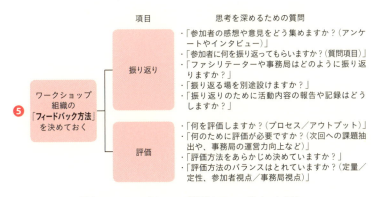

図表4-11 ワークショップ組織のフィードバック方法

コラム

●組織の優れたリーダーはワークショップも上手い

　いわゆる従来の日本型組織では、職位や年功が権限を持ち会議での意思決定を行ってきました。部下は「ほうれんそう（報告・連絡・相談）」や提案を行うものの、最終的に判断するのは組織で権限を持つ者でした。もちろんこの仕組みを否定するのではなく、組織の意思決定の権限には責任が伴うので、一定の権力のようなものは必要なのだと思います。しかし、自由にアイデアを出すことが許される会議やミーティングでは、むしろこの権力は自由闊達な議論やアイデアを阻害してしまうのではないでしょうか。

　近年は従来の日本型組織であっても、会議やミーティングにおいてもファシリテーションやワークショップの必要性を認める組織が増えてきています。その中で、優れたリーダー達は進んでファシリテーターの役割を担当し、少しでも前向きで効率的な会議をしようとしています。この前向きで効率的な会議にするためには、単に仕切りが上手い、司会が上手い、だけでは実は達成できません。周りの人から「あの人は会議を進めるのが上手い」と言われている人も、よく観察してみると、臨機応変な対応をしているようでいて、そこには実は様々な周到な準備が隠されていることが多いのです。彼らは事前に参加メンバーへ呼びかけてコミュニケーションをとったり、あるいは、当日の議題や事前資料を伝えることで当日の段取りを共有したりしています。また、当日も会議室の机のレイアウトをアレンジしたり、会議後はタイムリーで的確な議事録でフィードバックしたりします。いわゆる会議におけるPDSサイクルを回しているのですが、実は簡単なことの積み重ねであるにもかかわらず出来ている人は意外と少ないようです。これらの働きかけは、組織に働きかける役割であるファ

シリテーターそのものです。また、彼らのいる会議はまさにワークショップの組織デザインの理に叶っています。

　ワークショップを上手く動かせる人は、企業や組織においても優れたリーダーであるはずです。逆に、優れたリーダーを目指す人は、社内外でワークショップを企画してファシリテーターをする機会を買って出て、自己成長の機会にしてください。リーダーに必要なコンピテンシー（発揮能力）のほとんどがワークショップの組織デザインとファシリテーターの役割に含まれています。

II 失敗編
ワークショップ組織の罠に陥らないために

5 ワークショップ組織の罠からの回避

5-1 ワークショップ組織を取り巻く罠

4章までは、ワークショップの組織構造を踏まえた組織デザインの考え方を示してきました。これに沿ったワークショップのデザインは、熟達者が経験則や暗黙知で行っているノウハウであり、これを実践すれば失敗の可能性が減ることもお伝えしました。

しかし、実際には、初対面の者同士が集うワークショップでは、どのようなメンバーが集まり、どのような意見が出て、どのような変化が起こるかなど、当日の表舞台でやってみないと分からない部分が多々あります。だからこそ、ワークショップに可能性や価値を置く意味があるのかもしれません。

このような状況依存性を有するワークショップという場で、あらかじめ想定していない出来事が起きたとき、ファシリテーターには即興的な対応が求められます。たとえ、プログラムを作り込んだ研修であっても、その場その場の出来事に対処する場面が随時に起きます。ワークショップの価値の一端が状況依存性であるだけに、ある程度のアクシデントや、本題からの脱線は許容するべきです。参加者の状況をみずに時間を厳守したり、議論の方向性を誘導したりすると、ワークショップ本来の魅力を損なってしまいます。

ただし、ワークショップの組織が崩壊するような罠に陥ってはいけません。「組織が崩壊する」とは、組織成立の3要素である「コミュ

ニケーション」「貢献意欲」「共通目的」のどれか1つが欠けてしまうことです。残り2要素では組織として機能しなくなってしまいます。裏を返せば、3要素が維持される範囲内であれば許容できるということです。では、起こった出来事が、アクシデントや脱線なのか、それともワークショップ組織の崩壊につながる罠なのか、どのように見極めればよいでしょうか。状況によると言えば簡単ですし、見極めるにはある程度の熟達が必要です。ただ、熟達者でさえ罠に陥ることがあります。しかし、手の打ちようがないかというとそうではありません。「どのような罠があるのか」「罠に陥るとどうなるのか」「罠を回避する方法はあるのか」は知っておいて損はありません。成功例を知ることも大事ですが、失敗例から学ぶことは、即興的な対応力向上へのヒントを与えてくれます。

そこで、本章ではワークショップ組織を取り巻く罠をみていきます。罠は「ファシリテーターが陥る罠」「参加者が陥る罠」「組織全体が陥る罠」の3つに大別しています。さらに、図表5-1の罠の全

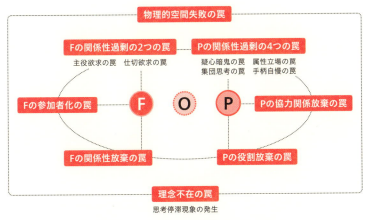

図表5-1 ワークショップ組織を取り巻く罠

体像で示すように、ファシリテーターが陥る罠は計4種類、参加者が陥る罠は計6種類、組織全体が陥る罠は計2種類で、合計12個の罠があります。これらの罠は、著者自身の失敗経験や、ワークショップ実践者たちの観察から得た知見をまとめたものです。ただし、単なる経験談を述べるのではありません。これまで本書で説明してきた「ステークホルダーの役割」や「関係性」「組織構造」「組織成立の3要素」「ぐるっと一回り」などの論点を踏まえた解説を加えています。ワークショップ実践経験の有無に関わらず、自分のワークショップや組織での体験と重ね合わせながら、想像力を働かせて読んでください。

5-2 ファシリテーターが陥る罠

(1) 関係性過剰の2つの罠

図表5-2は、ファシリテーターが陥る罠を図示しています（以下、図表5-2、図表5-3、図表5-4では「ペア型」を例に、問題となる部分を太い矢印やバツ印で描いています）。この節では、ファシリテーターについて「どのような罠があるのか」「罠に陥るとどうなるのか」「罠を回避する方法はあるのか」を述べていきます。最初に紹介する2つの罠は、上段の2つの図のようにファシリテーターが参加者へ関わりすぎることに起因する罠です。

主役欲求の罠

図表5-2の左上図は、参加者個人への関わり方に起因する罠です。ワークショップの主役があたかもファシリテーターであるかのように振る舞ってしまうことです。これは言わば、ファシリテーターの「主役欲求の罠」です。この罠に陥る原因は、そもそもファシリテーターは前に立って話す機会が多く、目立つ存在であるからです。

Fの関係性過剰の2つの罠

主役欲求の罠

FがPに関わりすぎる

仕切欲求の罠

FがP同士の関係に加わろうとする

Fの参加者化の罠

FがOに直接関わってしまう

Fの関係性放棄の罠

FがPと関わらない

図表5-2 ファシリテーターが陥る罠

ファシリテーターになる人は誰しも陥る可能性のある罠です。あるいは、前に立つのが好きな人がファシリテーター役を志向している場合もあるでしょう。では主役は誰でしょうか。本書ではファシリテーターは組織を動かす役割、参加者は組織で実践する役割、と定義しました。役割なのでどちらが主役という訳ではありません。強いて言えば、実践を担う参加者の方が主役に近い存在です。

主役欲求の罠に陥ったファシリテーターは、自分自身はとても満足しています。「今日は上手く説明ができた」「今日は参加者に伝わったに違いない」など、「説明する」「伝える」など一方向の動詞がよく出てきます。これらは、図表3-4（48ページ参照）に示した「教育者」の役割を果たすときの動詞です。教育者としての役割が全面に出すぎたワークショップは、もはや「講演会」や「独演会」になっているかもしれません。主役欲求の罠に陥ったままでワークショッ

プを進めると、参加者同士の話す機会が減り、組織成立の3要素のうち「コミュニケーション」が不活性になります。そして、話を聞かせてばかりの参加者はどんどん受動的になり、やがて「貢献意欲」も低下するでしょう。

　主役欲求の罠を回避するには、説明や講義の場面であっても教育者の役割に偏らず、「コーチ」として「問いかける」「引き出す」ようにすれば、組織の「コミュニケーション」が維持されます。また、組織デザインプロセスでもこの罠に陥らない工夫ができます。図表4-9（98ページ参照）では、プログラムのデリバリーに関して、思考を深める質問として「ファシリテーターの説明や発言の量は適切ですか？」を挙げています。これはまさに主役欲求の罠を回避するための質問です。

　ファシリテーターを行う場合は、「自分が話してばかりになっていないか」「自分だけが楽しんでいないか」を自己確認してください。また、「参加者が置き去りになっていないか」参加者の様子を観察することも大切です。「今日はいい感じに話せた」と自画自賛したときが要注意です。もし自分が主役になっていることに気づくことができれば、いつでも修正可能です。それができるときは冷静なファシリテーションができているのではないでしょうか。

仕切欲求の罠
　図表5-2の右上図は、参加者同士への関わり方に起因する罠です。参加者同士がペアやチームで活動をしているときに、そこに入って仕切りたくなることです。これは言わば、ファシリテーターの「仕切欲求の罠」です。この罠に陥る原因は、ファシリテーター自身が設定したワークなので、経験的にある程度の答えのバリエーションを知っているからです。あるいは、落とし所を決めているからです。

仕切欲求の罠に陥ったファシリテーターは、一見すると参加者をよく観察し、丁寧にフォローしているかのように見えます。しかし、実際は、ファシリテーターの描いたとおりに実践しているか参加者を見張っています。参加者の進捗(しんちょく)状況や逸脱を心配しすぎて、軌道修正や誘導をしているのです。これは、「調整者」の役割が過剰な状態です。調整者として「整理する」「まとめる」ことを参加者より率先してしまい、もはや介入と言えます。参加者の役割にも「思考者」「協力者」として「整理する」「まとめる」があるにもかかわらずファシリテーターが介入すると、参加者が活動に専念できなくなってしまいます。この状態を続けていると、やがて参加者は自らまとめることをせずファシリテーターの登場を待つようになり、やがて組織の「貢献意欲」が低下するでしょう。これでは、ファシリテーターが実践する役割を担ってしまい、もはや役割が逆転してしまいます。

　主役欲求の罠を回避するには、参加者同士の活動中は「調整者」の役割に偏るのではなく、「観察者」として「見守る」「任せる」「確認する」べきです。必要に応じて「コーチ」として「問いかける」「引き出す」ようにすれば、組織の「貢献意欲」は維持されます。また、組織デザインプロセスでもこの罠に陥らない工夫ができます。図表4-11（101ページ参照）はフィードバック方法を決めておくプロセスでしたが、実は「観察者」という役割と大いに関係します。終了後に振り返りや評価というフィードバックがあることで、ファシリテーターは「観察者」としての役割に意識を向けることができます。

　ファシリテーターを行う場合は、「参加者を誘導しすぎていないか」「参加者は自由に発想し意見を述べているか」に注意を払いましょう。参加者本人の思考や状況を観察し、その人やチームに合っ

た個別の働きかけをすることが大事です。「今日はワーク中も動き回って忙しかった」と満足するときは要注意です。もしかすると、ワークでの参加者の役割を奪っているかもしれません。フィードバックの仕掛けを盛り込んで意識的に観察するようにしましょう。

(2) 参加者化の罠

　図表5-2の左下図は、FとOがつながっています。組織構造の展開条件でも示したように、FとOはつながらないのが前提でした。Oを実践するのはそもそもPの役割です。この図の状況は、ファシリテーターが参加者になってしまっています。これは言わば、ファシリテーターの「参加者化の罠」です。この罠に陥る原因は、場が活性化してOが面白くなったからです。そもそもOはファシリテーターや企画者の関心事やドメインをもとに設定され、未知のメンバーとの議論や切磋琢磨を通して新たな発見やアイデアが期待されています。ワークショップがこの期待に応えることは、ファシリテーターにとって望ましい状況です。この罠に陥るのは、期待に応える具体的成果がみえるタイミング、つまりワークショップの後半部分が多いです。

　参加者化の罠に陥ったファシリテーターは、周りの状況がみえなくなります。図表3-1 (40ページ参照) のファシリテーターの7つの役割を果たすことなく、参加者として活動に没頭します。参加者化の罠に陥ったままでワークショップを進めると、ワークショップのマネジメントが働かないので、組織の「共通目的」から逸脱しやすくなります。

　参加者化の罠を回避するには、「調整者」として「援助する」「相談する」ことを意識する必要があります。たとえば、ものづくりワークショップであれば、参加者が思い描いたアイデアをどのようにか

たちにするか相談に乗ったり、3Dプリンターなどの機器の使い方を援助したりするときもあるでしょう。ファシリテーターがどうしても活動に入らないといけない場合は、「このワークでは参加者として一緒に作業します」と、明確にその意思と期間を示すことです。その場合も、ファシリテーターは「司会進行者」として場の節目を作る役割は果たすべきです。また、デザインの段階で、ファシリテーターが活動に入る場面があるのかあらかじめ想定しておくこともできます。たとえば、最後にアウトプットを出す3日間のワークショップでは、2日目の後半から3日目にかけてはアウトプットの作成時間になる場合が多いです。前半部分でファシリテーターがしっかりと組織成立の3要素を構築しておけば、後半はファシリテーターが参加者の創作や作業を内からサポートすることは問題ありません。

　ファシリテーターを行う場合は、「自分が参加者の活動をしていないか」「没頭しすぎて周りがみえていないのではないか」をその都度自問自答してください。面白いアプトプットが完成したときに、「自分の貢献部分が多い」と感じるときは要注意です。ファシリテーターではなく参加者化したリーダーになっていた可能性があります。

(3) 関係性放棄の罠

　ここまで紹介したファシリテーターの罠は、過剰な関係性や、不要な関係性に起因するものでしたが、それでもF・P・Oはつながっていました。ワークショップと呼ぶかはともかく、組織成立の3要素が維持されている限りは「場」が成立していました。

　しかし、図表5-2の右下図の状態は、ファシリテーターが参加者との関係性を持たない、あるいは分断した状態になっています。これは言わば、ファシリテーターの「関係性放棄の罠」です。「まさかファシリテーターが役割放棄することなんてあるの？」と疑問

に思うかもしれません。しかし、ファシリテーターがいなくなることが本当に起こります。この罠に陥る原因は、2つあります。1つ目は、できる限り参加者と関わりたくないという気持ちの表れです。ファシリテーションが苦手な人や無理やり役割を押し付けられた人が、ファシリテーターになった場合に起こりえます。2つ目は、意外かもしれませんが、ワークショップ実践経験の豊富な人がファシリテーターを行う場合です。たとえワーク中に席を外したり別のことをしたりして、参加者との関係性を放棄しても、「後ですぐに関係性をつなぎ直せる」という自負を持っているからです。ファシリテーターの「観察者」の役割を放棄しているにも関わらず、巧みな話術と、参加者からの憧れや敬意でカバーしようとします。しかし、参加者は敏感にその所作を察知しているもので、事務局としてオブザーブをするとよく分かります。この罠に陥った人に限って、場に戻るや否や、現状把握していないのに「議論の様子はどうですか」と割って入ります。参加者は議論を中断させて、ファシリテーターに説明する時間を割くことになってしまいます。このような関係性の放棄や中断を続けていると、やがて参加者に「やらされている」「放ったらかされている」という気持ちが芽生えます。組織の「貢献意欲」や「共通目的」はどんどん希薄化していきます。

関係性放棄の罠を回避するのは簡単です。ファシリテーターが責任と自覚を持ち、参加者に関わり続けることです。ファシリテーターの7つの役割をしっかり果たすことです。

ファシリテーターを担当していて、「ファシリテーションに慣れてきた」「自分流のファシリテーションが固まってきた」と感じるときは要注意です。熟達化の過程で起きることかもしれませんが、油断は禁物です。精神論ですが、参加者の時間を預かっているプロとしてその場その場に精一杯取り組みましょう。

5-3 参加者が陥る罠

(1) 関係性過剰の4つの罠

図表5-3は、参加者が陥る罠を図示しています。ファシリテーターの罠は4つでしたが、参加者の罠はそれより多く6つあります。ただし、両者の罠はたえず相互作用するものです。これから挙げる罠に参加者が陥らないよう、ファシリテーターが配慮や支援を試みるのは言うまでもありません。ですので、この節では、参加者について「どのような罠があるのか」「罠に陥るとどうなるのか」「罠を回避する方法はあるのか」を述べていきますが、回避する方法については主にファシリテーター視点で書いています。

疑心暗鬼の罠

図表5-3の上段の左端の図は、PがFに関わりすぎる状態です。

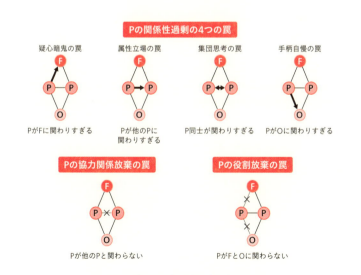

図表5-3 参加者が陥る罠

これは言わば、ファシリテーターに対する「疑心暗鬼の罠」です。この罠に陥る原因は、3章で述べたFとPの関係性づくりが上手くいかなかったからです（50ページ参照）。特に冒頭のインストラクションやアイスブレイクで失敗すると参加者に疑心暗鬼が生まれがちです。

　疑心暗鬼の罠に陥った参加者は、ファシリテーターが説明した活動手順に対して期待感を持てず、活動に集中できなくなります。ファシリテーターの説明内容を確認したり、細かい点を指摘したりする参加者も出てきます。ただし、確認や指摘をしてくれる参加者は、組織に積極的に参画しようという意思の表れです。確認や指摘にファシリテーターがきちんと対応し、行動を示していくことで、この疑心暗鬼の罠から徐々に脱出することができます。冒頭は「つかみ」とも言われ大変重要ですが、失敗しても挽回可能なので決して諦めてはいけません。

　疑心暗鬼の罠を回避する方法は、いくつかあります。1つ目は、原因の裏返しになりますが、冒頭のインストラクションやアイスブレイクを周到に準備することです。これは事前の裏舞台でしっかりデザインできる部分です。図表4－9（98ページ参照）のコンテンツの思考を深める質問では、「冒頭のイントロダクションはどうしますか？」「アイスブレイクはテーマとの関連性がありますか？」「参加者が活動にスムースに入れますか？」を挙げています。たとえ、即興性を重んじるワークショップでも、冒頭部分には安全安心で期待感が持てる仕掛けを作り込むことで失敗が防げるでしょう。2つ目は、ファシリテーター自身が自己開示することです。ただし、冒頭で長々とファシリテーターの自慢話や経歴を話す必要はありません。ワークショップの随所で共感を得るような経験や想いを語ることです。アイスブレイクと同様、自己開示でもテーマとの関連があ

るとよりF・P・Oの関係構築につながります。自己開示はプログラム中にいつでも盛り込めるので、冒頭部分の失敗をリカバリーする有効な手段となります。

属性立場の罠

　図表5-3の上段の左から2番目の図は、Pが他のPに関わりすぎる状態です。ワークショップの場に、別の属性や立場による関係性を持ち込んでしまう罠です。普段の立場の違いを気にして上司や役職者に意見が言いにくかったり、上司や役職者も普段の役割のまま振舞ってしまったりします。これは言わば、他の参加者に対する「属性立場の罠」です。この罠は参加者が同じ所属の場合、たとえば職場内でのワークショップや会議、強制参加の研修でよく起こります。この罠に陥る原因は、ワークショップ以前に、すでに日常の関係性が出来上がっているからです。普段の職場での上下関係や発言力を排除することはとても難しいことです。また、ファシリテーターと参加者が同じ所属の場合でも、この罠に陥ることがあります。たとえば、自分がファシリテーターを担当する社内ワークショップで、参加者が全員上司の場合、うまく組織を動かす役割が果たせるでしょうか。もし上司がファシリテーションとは何か、ワークショップとは何か、を熟知していれば上手くいくかもしれません。しかし、そのような職場は少ないです。社外のサークルや勉強会ではファシリテーションを実践しているのに、「社内でファシリテーションを展開しようとすると壁がある」というビジネスパーソンの声をよく聞きます。まさに、属性立場の罠が存在していると言えます。

　属性立場の罠に陥ると、参加者の発言量は極端にばらつきます。たとえば、上司が普段の影響力を行使して、有無を言わさず持論を展開したり、他の人の持ち時間を奪って話し続けたりするかもしれ

ません。すると部下は、上司の意見に迎合し、発言を控えがちになってしまいます。

　属性立場の罠を回避する方法は、日常の関係性とは一旦切り離し、ワークショップでの関係性を改めて設定することです。ただし、「普段の関係性は忘れて対等な立場でお願いします」と伝えたところで、あまり効果はありません。宴会の無礼講が本当はそうではないのと同じことです。回避する具体策は2つあります。1つ目は、チーム構成を工夫することです。「所属」はできるだけバラバラにして、普段の関係性に距離がある者同士で構成します。お互いに適度な配慮が働くとともに、横方向の社内ネットワークづくりという副次的効果にもつながります。一方、「立場」はバラバラにするか、まとめるかは判断が必要です。風通しのよい文化の職場で、立場が違っても議論が活発になるならバラバラがおすすめです。そうでなければ、立場はまとめて、「部下チーム」「課長チーム」「部長チーム」に分けてチーム内のまとまりとチーム間の競争を目指す方が無難です。日本的かもしれませんが、部下が上司へ個人的に「私の意見」を言うよりも、部下チームが上司チームへ「私たちの意見」を言う方が、健全に事が進むようです。2つ目は、日常の関係性とは切り離された第三者をファシリテーターとして呼ぶことです。これにより、ファシリテーターの存在を公式に担保するかたちになります。公式な第三者の意見には、想像以上に耳を傾けてくれるものです。余談ですが、企業研修では、研修講師を外部から呼んで実施するか、内部講師で実施するか、が人事部でよく話題になります。「外部化か、内部化か」という構図は、研修に限らず、企業の経営資源のマネジメント問題として、景気に連動しながら常に揺れ動く議論です。どちらも一長一短がありますが、研修での講師の外部化の長所の1つがこのような第三者であることの存在価値だと思います。

集団思考の罠

　図表5-3の上段の右から2番目の図は、P同士が関わりすぎている状態です。もちろん、参加者同士が関係性を深めるのは組織の「コミュニケーション」を活性化するうえで必要不可欠です。ここで紹介する罠は、参加者同士が関係性を深めていけないという意味ではなく、関係性が深まって仲良くなったときに陥る集団の罠があるということです。参加者の集団心理に基づくもので、言わば「集団思考の罠」です。この集団思考という言葉は、アメリカの心理学者ジャニスが、戦争時の政治的な意思決定の事例分析から、集団の心理的な思考傾向として表現したものです。英語ではgroupthink、日本語では集団思考や集団浅慮と訳されます。近年では、政治集団のような結束した集団に限らず、様々な集団でこのような現象が確認されており、ワークショップでも頻繁に確認される現象です。

　集団思考の罠に陥ったチームには、次のような8つの兆候が現れると言われています（出典：Janis, I.L.(1982).Groupthinkを参考にワークショップ向けに修正）。

兆候1「自分たちは素晴らしいと楽観的に過大評価する」
兆候2「自分たちは正しいので反省する余地はないと思い込む」
兆候3「自分たちの前提や決定を信じて外部の意見を受け入れない」
兆候4「他のチームは自分たちより劣っていると思い込む」
兆候5「異論をとなえるメンバーに対して圧力をかける」
兆候6「チームの合意に反しないよう自己抑制をする」
兆候7「多数派意見を全員一致の意見だと思い込む」
兆候8「チームの合意に反する意見や情報を遮断する」

　ワークショップでは活動に没頭するほど周りがみえなくなるもの

です。チームが協働して作ったアウトプットには想い入れがあるだけに、兆候1、2のように自分たちを過大評価しがちです。さらに兆候3、4のように、他のチームは自分たちより劣っているに違いないと思い込み、外部の意見や警告を軽視することも起こりえます。また、チームの合意を絶対的なものと位置付け、兆候5〜8のような圧力がメンバーに働くこともあるでしょう。これらの兆候はワークショップのどの場面でも起こりえることです。そして、集団思考に陥った結果、「リスキーシフト」と「コーシャスシフト」という偏った傾向に至ると言われています。リスキーシフトは、グループの合意がより過激な方向に進んでしまう傾向です。逆に、コーシャスシフトは、グループの合意が何もしない現状維持的な方向に進んでしまう傾向です。

　集団思考の罠を回避する方法を3つ挙げます。1つ目は、チームメンバーが批判的な目を持つことです。図表3-4（48ページ参照）の「協力者」としての動詞に「批判する」が入っています。ワークショップの協働性から考えると、「批判する」はおかしいと疑問を持った人がいるかもしれません。これは決して他者の意見を「否定する」ことではありません。「批判する」の本来の意味は「相手の意見を尊重したうえで」という前提が含まれています。相手の意見を受け止め、自分ごととして思考するからこそ批判ができるのです。2つ目は、ファシリテーターが意見や予測を最初から言わないことです。ファシリテーターの陥る罠で述べた介入や誘導は、集団思考を助長してしまいます。3つ目は、外部の意見を取り入れることです。ワークショップでは、アイデアが収束したタイミングで発表して外部からコメントをもらったり、試作品が出来たタイミングでテストして外部から評価をもらったりします。このような3つの方法は、すべてファシリテーターの働きかけとワークショップのデザイ

ンで対応することができます。チーム内外の多様な人々の視点で振り返りや評価をする仕掛けを盛り込むとともに、その時間をあらかじめ確保しておきましょう。

手柄自慢の罠

　図表5-3の上段の右端の図は、PがOに関わりすぎる状態です。自分が多大な貢献をし、成果が自分のものであると、参加者が周りにアピールしてしまうことです。これは言わば、参加者の「手柄自慢の罠」です。この罠に陥る原因は、アウトプットが、個人が作ったアイデアによるものなのか、チームが作ったアイデアによるものなのかが不明瞭であるからです。この罠に陥る人は、たいていはチーム内で積極的に活動し、最終的なアウトプットにつながるアイデアを出した人です。しかし、たとえその人の斬新なアイデアが採用されたとしても、チーム全員の成果であるべきです。なぜなら、そのアイデアは他のメンバーのアイデアから触発されたものや、複数のアイデアを組み合わせたものかもしれません。アイデア発想において、他人の意見への便乗や、アイデアの組み合わせ、連想は当たり前のことです。直接的に最終アイデアに貢献できなかったメンバーも、思考プロセスや共同作業の一端を担っているはずです。

　手柄自慢の罠を回避する方法は簡単です。ファシリテーターの「調整者」としての役割を発揮することです。また、あらかじめワークショップでの成果は全員のものであることを周知しておくことです。たとえば、ものづくりやデザインのワークショップでは、試作や最終的なアイデアがチーム全員の所有物である覚書を交わしたり、後日製品化に至った場合の知的財産権のルールを規定したりしている場合もあります。手柄自慢の罠に陥った参加者が現れるケースは稀ですが、アウトプット重視で製品やサービスの実装を目指す

場合は、事前のルールを決めておくとよいでしょう。

(2) 協力関係放棄の罠

　図表5-3の左下図は、Pが他のPと関わらない状態です。ファシリテーターとは関係性を作り、課題や活動にも前向きに取り組むが、他の参加者と協力的な関係性を持とうとしないケースです。この罠に陥る原因の1つは、参加者間で何かしら障害があるためです。個人的な要因が絡む場合にはこれを無理に改善するのは難しいでしょう。短期間のワークショップであれば容認しつつ、個別にフォローしていくことになります。もしあらかじめ参加者情報が入手できるならば、チーム編成や座席で工夫することも検討します。

　一方で、別の原因で協力関係を放棄している場合があります。それは、チームメンバーになっているものの意見を言わない場合です。意見を言わないのは思考していないからではありません。実はOについて深く思考していたり、他の人の意見を聞きながら独自のアイデアを静かに磨いていたりします。あるいは、ワークショップやチームでの活動そのものに懐疑的な意見の持ち主かもしれません。この場合は、罠を回避するよりも積極的にチームに巻き込むことが方策になります。この罠に陥った参加者に発言を促してみると、批判的な意見が飛び出すことがあります。他人の意見を尊重したうえでの批判であれば、実は「集団思考の罠」を回避するきっかけを与えてくれる貴重な存在になります。本人は批判する以上、何かアイデアや新しい切り口を持っている可能性があるので、ファシリテーターは「コーチ」として意図的にこの人へ問いかけていくことで、チーム全体への貢献につなげていきます。そうしないと、本人だけが大きな発見とブラッシュアップされたアイデアを持ち帰るに至り、組織の「共通目的」の達成が遠のくことになるでしょう。

(3) 役割放棄の罠

　図表5-3の右下図は、PがFとOに関わらない状態です。他のPとも関わらない場合もありますが、それは場の退出を意味します。その場にいる以上、最低限チームメンバーで居続けようとするのでP同士の線はつないで表現しています。この状態は、ファシリテーターの説明を聞かず、活動を行わない状態です。これは言わば、参加者の「役割放棄の罠」です。このような参加者がいるのかと疑問に思うかもしれませんが、強制参加の研修や講習では稀に起きる現象です。法的に定められた資格更新手続きの講習では「寝ている人は更新を認めません」といった注意喚起がされているのをみたことがあるのではないでしょうか。あからさまに寝なくとも、腕組みをしたり、肘や顎をついたり、無意識に態度に出ているので運営側からはすぐに分かるものです。この罠に陥る原因は、そもそも参加者がその場に参加したくなかったからです。組織としての目的が「共通」になっていません。開始時点ですでに「貢献意欲」がかなり低く、それにともない「コミュニケーション」も活発になりにくい状況に陥っています。言わば、組織が崩壊した状態でのスタートです。

　役割放棄の罠を回避することは、最も困難です。なぜなら、裏舞台の仕掛けや準備の効果が最も出にくいからです。参加者に事前にコンタクトをとることも難しく、そもそも「貢献意欲」が低いので、たとえ事前に面白さや意義を伝えたとしても効果は期待できません。強制参加の研修や法的な更新講習では、参加者に「主体的になれ」と言って主体的になる訳ではありません。役割放棄の罠から参加者を脱出させるには、ファシリテーターの力量に頼ることになります。プロの研修講師は「やる気のない参加者をいかに惹きつけるかが腕のみせ所だ」とよく話します。実際に、最初は腕組みをしていた参加者も、講師が発する言葉に少しずつ反応するようになり、

どんどん姿勢が前のめりになっていく様子を目にします。

なお、参加者が自ら参加を申し込んだワークショップでは、このタイプの参加者はほぼいません。特に有料の場合は皆無です。参加者が自らの意思決定のもと、自らコストを払って参加しているワークショップは、ファシリテーターにとってとても進行しやすい場と言えます。

著者は社会人になりたての頃、やる気がないままいくつか研修を受けた経験があります。しかし、とても後悔しました。なぜなら人生を無駄にしたと思ったからです。たとえ受講したくなくても、会社の命令に従って結局は受講するわけです。その時間はいわば命の一部です。時間をどう過ごすかは自分の生き方に直結します。その後、自分の意識次第で色々と学べることが分かりました。特に、ワークショップに関心を持ってからは、講師やファシリテーターの動きを観察したり、自分ならこうするという反面教師にしたり、裏舞台の事務局の動きに気づいたり、その場その場が学びの機会に変わりました。

5-4　ワークショップ組織全体が陥る罠

(1) 理念不在の罠

ここまではファシリテーター視点、参加者視点で罠をみてきましたが、この節ではワークショップ組織全体に関わる罠を考えます。図表5-4に示すように、ワークショップ組織に関わる罠は2種類あります。

左図は、ワークショップ全体の方向性が定まらず、F・P・Oが関わりにくい状態です。これは言わば、ワークショップ組織における「理念不在の罠」です。理念については、4章のワークショップの組織デザインプロセスの最初のステップとして、ミッション・ビ

方向性がブレて、
F・P・Oが関わりにくい

会場の雰囲気やレイアウトが悪くて、
F・P・Oが関わりにくい

図表5-4 ワークショップ組織全体が陥る罠

ジョン・バリューの重要性を説明しました（94ページ参照）。そこを踏まえれば、この罠が容易に想像できると思います。

理念不在の罠に陥ると、ワークショップの組織運営は混乱を招きやすくなります。そもそも目的や到達目標が不明なままで進行するのは、行き先の見えない航海と同じです。戦略不在の組織は、どのような組織構造でレイアウトするのか、どのようなプログラムにするのかという道筋が定まりません。

理念不在の罠に陥っていても、問題が起きないままワークショップが終わる場合もあります。しかし、理念不在が原因で、考える方向性や立ちかえる手掛かりを失い、チームの思考が停滞する現象に遭遇することがあります。チームの思考停滞現象とは、個人では様々に思考しているのにチームとして思考が行き詰まる状態を表しています。ここではそのような現象を3パターン挙げたいと思います。

木をみて森をみず

チームの思考停滞現象の1つ目は、「木をみて森をみず」の現象です。必要以上に詳細にこだわりすぎて、全体性を失った不毛な議論に突入してしまう現象です。メンバーは思考をしているのにチーム全体の流れが停滞してしまいます。特に、自分の得意分野に関す

ることがワークショップの進行中に出たときに、豊富な知識が災いして細部が気になってしまいます。たとえば、職場の中で、自分の得意分野へは求められている以上の力を注ぎ込む「こだわり派」と呼ばれる人がいませんか。こだわりすぎて、もっと他の大事な点を見落としていることがあるかもしれません。また、大学などアカデミックな議論の場でも、メンバーが細部を熟知した専門家集団だけにこの現象は起きやすいです。

　ワークショップでは、理念が明確に打ち出せていれば、「この論点の詳細は後回しにして、まず全体をデザインしよう」という風に、議論の方向性の迷路から脱して思考を次に進めることができます。

あげ足をとる
　チームの思考停滞現象の2つ目は、「あげ足をとる」現象です。この現象は、重箱の隅をつつくように、他人の意見に対して些細な例外を指摘して議論を止めてしまう現象です。メンバーの口癖として、発言の最初に「いや」「でも」が多用されるようになると要注意です。「あげ足をとる」現象は、友達などよく知ったメンバーでワークショップを行う場合に起こりがちです。初対面なら遠慮するはずの否定的発言も、旧知の仲だと気にせず言ってしまいます。たとえば、職場の会議で誰かが「新しく○○を商品にしたら面白いかも」とアイデアを出しても、「でもうちはお金ないし無理だよ」とすぐに否定してしまうようなことです。せっかくのアイデアが、実現の可能性のみで判断され、議論が終わってしまいます。お金以外の他の可能性を探らずに議論を終えるのはもったいないです。「○○を商品化するとどうなりますか？」「○○の商品化の利点は何ですか？」と質問する、「○○の商品化はお金がかかりそうだけど、何か克服するアイデアはある？」と一歩踏み込む、そうすれば思考

を進めることができます。

　旧知の仲だからこそ、あらためてワークショップ組織の理念を確認することに意味があります。

アイデアが埋没する
　チームの思考停滞現象の3つ目は、「アイデアが埋没する」現象です。参加者は積極的にワークショップに参加し、様々な意見やアイデアが湧き出ているのに、判断基準が不明瞭なためにどのアイデアに価値があるのか揺らいでしまう現象です。前述した集団思考の罠の兆候（119ページ参照）に似ているようにも見えますが、アイデアの埋没現象は集団心理や同調圧力が働く訳ではありません。この現象が顕著に現れるのは、「具体－抽象」「発散－収束」の変わり目の部分です。たとえば、KJ法やブレーンストーミングで付箋を使う場面です。アイデアや意見をとにかく発散させ、壁一面が付箋だらけになるくらいになった段階で、どのようにカテゴリー化するか、どのようなカテゴリー名にするかで、チームの思考が停滞するケースです。実は、カテゴリー化は仮説や方向性次第でいかようにも分類できるものです。チームで思考停滞するのは、理念に基づくメンバー共通の判断基準がないからです。理念不在のまま思考停滞に陥っていると、玉石混淆（ぎょくせきこんこう）のアイデアの中で、どれが玉でどれが石なのか、どの石を磨くと玉になるのか、がみえなくなります。結果として、玉であろう優れたアイデアが埋没し、採用されなくなってしまいます。

　理念は組織デザインプロセスの基盤になるだけでなく、ワークショップ当日の様々な活動で停滞したときに、進むべき判断基準やヒントを与えてくれます。

(2) 物理的空間失敗の罠

　図表5-4（125ページ参照）の右図は、会場の雰囲気が悪いためにF・P・Oが関わりにくい状態です。これは「物理的空間失敗の罠」と言います。ワークショップにとって場の雰囲気はとても重要です。ファシリテーターが作り出す雰囲気も大切ですが、会場の広さや形状、壁紙の色、窓の有無など空間的な要素も影響します。もし人数に対して教室が狭かったら参加者はどう思うでしょうか。あるいは、もし会場施設が古くて暗かったり、部屋の真ん中にドーンと柱があったりしたら参加者はどう思うでしょうか。単に「居心地が悪い」と思う人はまだマシです。有料のワークショップであれば「これだけ参加者が申し込んでいるのに会場をケチった」「参加者や講師のことを配慮していない」と主催者に対して不信感を抱くかもしれません。まさかそんな場所でワークショップをしないと思うかもしれませんが、実際よくある話です。このような場では、いくらファシリテーターが働きかけても、参加者にとって安心安全に自己開示したりワークに集中したりする場になりにくくなります。

　主催者やファシリテーターは、可能な限り会場の下見をすることが大切です。会場に問い合わせて30名入れる部屋と言われたとしても、スクール形式で30名ならば、グループで島型にレイアウトするとせいぜい3グループ（15名程度）しか入りません。もし模造紙や配布物などの資材があるなら置き場となるスペースも必要ですし、オブザーブや事務局がいるなら後方に別席が必要かもしれません。会場の下見ができない場合は、会場のレイアウト図や平面図を入手するなど事前に会場を把握してくことをおすすめします。

　もちろん、適切な会場選択ができていても、前述したようなテーマやワークに合わないレイアウトをしていると本末転倒です。参加者が「せっかくスペースがあるのに、ワークがやりにくい」と感じ

ないようレイアウトやツールを周到に準備しておくといいでしょう。もし参加者が使いにくい状態にあるとすると、参加者は何かしらのサインを出します。たとえば、グループディスカッションの場面で、参加者が相手の方へ椅子を近づけたとします。もしかするとテーブル配置が悪く、参加者同士が離れすぎて話しにくかったのかもしれません。参加者の何気ない動きを察知し、場合によってはその場でレイアウトや位置を変更することも必要です。

5-5　罠を回避するためのスタンス

(1) 裏舞台のワークショップ組織

　これまで、計12個の罠とその「罠を回避する方法」について触れてきました。ここでは、改めて罠を回避するためのスタンスをまとめておきます。

　講師や講演家がよく言う言葉に「準備8割、当日2割」というものがあります。ワークショップにおいても同様であると思います。参加者から見えるワークショップの表舞台は2割しかありません。裏舞台での活動は8割を占めるくらい重要であると言えます。

　ワークショップの裏舞台での準備は、プログラム作成や道具類の調達だけではないことは、4章の組織デザインプロセスで思考を深める質問とともにすでに述べました（92〜101ページ参照）。ここでは罠を回避するための裏舞台での活動スタンスを述べたいと思います。裏舞台での活動を行うのは、ファシリテーター、事務局、主催者からなるメンバーです。当日のワークショップを「表舞台のワークショップ」と言うならば、当日までの準備は「裏舞台のワークショップ」とも言えます。それは、規模が小さなワークショップ企画であれば、簡単な打ち合わせや会議になりますし、大掛かりなワークショップ企画であれば裏舞台もワークショップ的に進めます。本

番を想定したリハーサルを行ったり、参加者役になって実際の活動のシミュレーションを行ったりします。これらの試行錯誤を経て、裏舞台のステークホルダーは組織化されていきます。つまり、ワークショップ組織の一部である裏舞台も、組織成立の3要素を満たした組織として機能させることが重要です。

　実務的には、このように裏舞台のワークショップ組織ができれば、当日大きな失敗をすることはありません。また、主催者もワークショップの意義を理解したうえで本番を迎えるので、主催者の評価を損なうこともありません。さらに、当日に何か不可抗力によるアクシデントがあっても、余裕を持って臨機応変に対応することができるでしょう。

(2) 参加者を罠から守るのはファシリテーター

　ファシリテーターが陥る罠は4つありましたが、これに陥らないようファシリテーターは経験を重ね、そのたびに思考を「ぐるっと一回り」させて自分ごととして学習を進めていく必要があります。一方で、参加者が陥る罠は6つありましたが、参加者自身の努力だけで回避できる訳ではありません。ワークショップの組織デザインと当日のファシリテーターの働きかけ次第で、ほとんどの参加者が罠から脱するサポートをすることができます。換言すれば、参加者が罠に陥るかどうかは、ワークショップの組織デザインとファシリテーターにかかっています。ファシリテーターが責任を持って、参加者を罠から守るというスタンスを忘れてはいけません。

(3) 参加者によるこっそりファシリテーター

　ワークショップでは、参加者の中から「こっそりファシリテーター」という存在が現れることがあります。必ず現れる訳ではあり

ません。「こっそりファシリテーター」とは、グループで率先して実践する参加者です。ファシリテーターの説明不足を確認してくれたり、他の参加者のフォローを自発的にしてくれたりする参加者です。おそらくファシリテーターの経験があるか、潜在的にファシリテーターの資質を兼ね備えた人だと思われます。特に、事務局から「ファシリテーターをこっそりフォローしてね」と頼んだ訳ではありません。

なぜ、このような「こっそりファシリテーター」が自然発生的に現れるのでしょうか。その理由は、そのワークショップが組織として成立しているからです。組織成立の3要素を満たしている場合は、参加者も自発的に協力してくれるのです。「こっそりファシリテーター」の出現はまさにその代表例であり、チームへの「貢献意欲」の表れです。ワークショップの組織運営が上手くいっているバロメーターとも言えます。ですので、たとえファシリテーターが経験不足だったり、頼りなかったりする場合でも、組織がしっかり成立していれば問題ありません。むしろ、関係性過剰の2つの罠に陥った影響力のあるファシリテーターよりも、このような影響力が小さいファシリテーターの方が参加者は活動しやすくなることもあります。

たとえば、企業組織では、頼りない上司であっても、部下がみんなで上司を支援し、高いパフォーマンスを実現している場合があります。なぜ部下が協力するかというと、上司と部下の信頼関係があり、組織成立の3要素が形成されているからです。だからこそ、フォロワーシップという部下からの支援的なリーダーシップが機能しているのではないでしょうか。

このように、「こっそりファシリテーター」は、本来実践する役割の参加者が、ファシリテーターの役割の一部を担い、ワークショッ

プ組織の運営を支援するという、組織特有の面白い現象です。ただし、「こっそりファシリテーター」はボランティアで役割を買って出たあくまで参加者です。ファシリテーターとワークショップ組織の支援役を任せたままでは、本人の参加者としての学びや貢献ができなくなります。ワークショップの組織を動かす役割と責任はファシリテーターにあることは、肝に銘じておかなければなりません。

III 事例編
ワークショップの組織デザイン事例から学ぶ

6 実践事例「ドメインワークショップ」

6-1 事例の概要

この章では、ワークショップの組織デザイン事例について、プロセスを詳細に紹介したいと思います。最初に、事例の概要を説明します。

この事例は、ある経営コンサルティング団体主催の会員向けの1日間ワークショップです。参加者は、団体に会員登録している経営コンサルティングの専門家24名です。顔見知りの人もいれば、初対面の人もいますが、全員が会員メンバーなので、初対面でも打ち解けやすい土台があります。この会は、会員同士の議論や交流を図ろうという目的で、これまでは講演会と意見交換というかたちで実施されてきました。今回は、これまでの講演会形式ではなく、「もっと会員同士が議論を深めて役に立つ内容にしたい」という主催者の想いから実現しました。

6-2 裏舞台ワークショップの組織デザイン

ワークショップの開催が決定した段階で、ファシリテーター2名（メインとサブ）と主催団体2名（責任者と担当者）が集まり、ワークショップ企画のためのワークショップを開催しました。つまり、裏舞台ワークショップです。なお、裏舞台ワークショップでは、主催団体2名とサブファシリテーターの計3名が参加者、という位置付

けです。裏舞台ワークショップのプロセスは、基本的に図表4-5（93ページ参照）で紹介したワークショップの組織デザインプロセスに沿って、裏舞台メンバー全員で作り上げていきます。

　図表6-1（137ページ参照）はそのプロセスと組織構造の変化を表したものです。これは、「発散―収束」「具体―抽象」を繰り返すだけというシンプルなプロセスです。組織構造も「個人フラット型」と「チーム型」のセットを2回繰り返しているだけです。これだけのことですが、議論の進み方や深まり方は、単なる会議とはかなり違ったものになります。

　対比する意味で、4名がとりあえず集まった会議を想像してみてください。その場合の組織構造は、最初から最後まで「チーム型」です。おそらくは、「ワークショップの企画をどうしようか？」という漠然とした問いに終始します。すると、ある人は理念的な想いを語り、ある人は具体的なプログラム内容を語るなど、「理念」「資源」「プログラム」が並行に議論され、抜け漏れしやすい結果になってしまいます。「属性立場の罠」（117ページ参照）に陥り、例えば主催団体の責任者の立場だけが優先されすぎることになるかもしれません。また、「発散‐収束」「具体‐抽象」が同時に行われるので、消化不良な結果になってしまいます。「集団思考の罠」（119ページ参照）に陥り、一面的な結論に同調圧力が働くかもしれません。このような混乱した中で議論をまとめるのは労力を要します。また、会議後に誰かが強引に議論をまとめたり、追加的な連絡相談が多発したりすることになりかねません。

　一方で、図表6-1はシンプルながら、組織デザインプロセスに従った段階が一目瞭然ですし、「発散‐収束」「具体‐抽象」の場面がきちんと交通整理できています。参加メンバーも「今はアイデアを発散しよう」と思考を集中することができます。もちろん、今回

はメンバー4名なので、「個人フラット型」と「チーム型」を繰り返しましたが、別の型でも構いません。たとえば、2名ずつに分けて「ペアフラット型」で発散させた後、「チーム型」で収束させることもあります。ペアでの協働に加え、ペア間でも競争意識が芽生えるので面白い構造変化になります。また、今回の「個人フラット型」での発散場面では、付箋を使って各自のアイデアを自由に記入し、掲示していく方法をとりました。理由は「属性立場の罠」の回避のためです。依頼する側と依頼される側という属性の違い、主催団体の責任者と担当者という立場の違い、があるので、できるだけ発言機会が均等になるよう付箋を用いました。また、付箋は意見がみえるかたちで残るので、次の収束場面でも付箋を動かして整理することができます。付箋以外にも、模造紙やホワイトボードに書いていくこともありますし、あらかじめワークシートを用意する場合もあります。

　この裏舞台ワークショップのプロセスは、簡単に言えば、チーム全員での企画づくりワークショップです。ですので、会議やミーティング、研修など、チーム全員で協働する場合にはどこでも使える型です。新しい商品の企画会議、イベントの企画ミーティング、業務改善の小集団活動、問題解決型の研修など、この型をベースに活動をデザインすることができます。

　なお、裏舞台ワークショップはチーム全員での協働と合意を目指していますが、今回の表舞台ワークショップは、個人のアウトプットを目指すものを選んでいます。

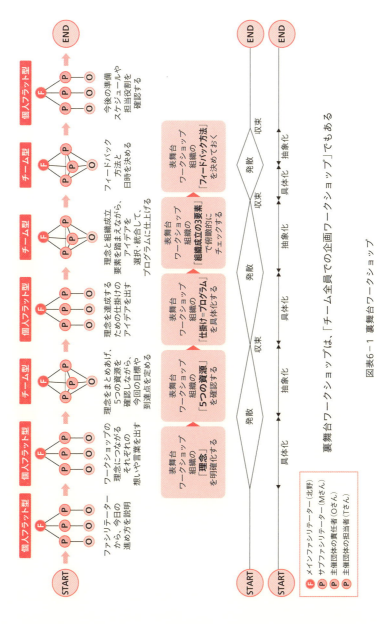

図表6-1 裏舞台ワークショップ

6-3 理念を明確化する

　組織デザインの最初のプロセスとして、ワークショップ全体を貫く「理念」を明確化します。図表4-6（94ページ参照）で示したように、理念とはミッション・ビジョン・バリューでした。この順番で考える方法もありますが、今回は「このワークショップで大切にしたいこと」という大まかな問いから始めました。具体的には、個人で付箋に「大切にしたいこと」を思いつくままに記入していきます。この時点では、ワークショップの5つの資源、つまり「できるかどうか」という実現性は一旦置いておき、自由に想いを言葉にしていきます。個人で書き尽くしたらそれを全員に発表して、全員の想いを共有します。全員で共有することで、ぼんやりと理念らしきイメージが浮かび上がってきます。その後、それらがミッション・ビジョン・バリューのどれに当たるかという視点で言葉を分類し、3つの整合性がとれているかを検討しながら最終的な理念を完成させます。

　理念づくりワークでは、キーワードとして、「切磋琢磨」「自己成長」「強み（専門性）」「取り巻く環境」「新しい気づき」「お互い支援する」が挙がりました。「切磋琢磨」「自己成長」はミッションに、「強み（専門性）」「取り巻く環境」はビジョンに、「新しい気づき」「お互い支援する」はバリューにつながってきます。最終的に、今回は下記のような文章で理念をまとめました。

・ミッション（WHY）：
　「士業や専門家たちが切磋琢磨しながら自己成長を目指す」
・ビジョン（WHAT）：
　「自分自身の強みや持ち味を再確認し、ドメインを明確化する」
・バリュー（HOW）：
　「お互いを尊重して傾聴しつつも、率直なアドバイスを交換し合

い、自分と向き合う場、環境と向き合う場を共有する」

実施前に、「もっと会員同士が議論を深めて役に立つ内容にしたい」という主催者の想いがありましたが、かなり具体的な言葉になったように思います。なお、今回の理念で特徴的なことは、たとえば「参加者全員で一緒に」というようなニュアンスが含まれていないことです。今回は、あくまで個人に焦点を当て、個人が自分自身と向き合うために他者と関わることが主になるということです。

理念づくりワークで重要なのは、多少回りくどい表現や冗長な言葉があっても気にしすぎないことです。それよりも、この理念づくりワークを通して、全員が納得のいく共通理解が生まれることの方が大切です。

6-4　5つの資源を確認する

(1)ワークショップ準備シートI

ワークショップ組織の理念を明確にしたうえで、次は「5つの資源」を確認していきます。具体的には、次ページの図表6-2のようなワークショップ準備シートがあると便利です。おそらく、ワークショップ熟達者や人事研修担当者、セミナー主催者は、このような確認事項を網羅した独自のツールを持っていると思います。ここで紹介する準備シートは、ワークショップ運営の経験的な知見も踏まえつつ、「5つの資源」から体系的にまとめたものです。図表4-8（97ページ参照）で示した「思考を深める質問」への回答として連動しているものです。案件によって項目を追加する場合もありますが、基本的に押さえるべき項目が網羅されています。初心者はもちろん、うっかり準備物を忘れがちな人は活用してみてください。

なお、説明の都合上、完成版の準備シートを記載していますが、実際はこの時点では記入できない項目もあります。たとえば、「モ

ワークショップ準備シート I

理念	ミッション	士業や専門家たちが切磋琢磨しながら自己成長を目指す
	ビジョン	自分自身の強みや持ち味を再確認し、 ドメイン(オンリーワンの専門領域)を明確化する
	バリュー	お互いを尊重して傾聴しつつも、率直なアドバイスを交換し合い、 自分と向き合う場、環境と向き合う場を共有する
ワークショップのタイトル		ドメインワークショップ 〜オンリーワンの専門領域を作ろう〜
ヒト (人的資源)	主催者	経営に関わる専門家団体
	事務局	責任者Oさん / 担当者Tさん(当日は終日運営)
	講師/F	メイン担当 北野 サブ担当 Mさん
	参加者	士業(弁護士、税理士、会計士、中小企業診断士など)、講師、コンサルタント、経営者、経営幹部、後継者など、経営に関わる方々(24名)
モノ (物的資源)	アクセス	○○○○ホール(大阪市営地下鉄○○駅より徒歩3分)
	会場広さ	155㎡(WEBサイトに図面・写真あり)
	レイアウト	4名チーム×6班で島型配置、後方に資材置場と事務局席
	会場什器	■テーブル(可動式長机×18本) ■イス(35脚) □その他( )
	運営機材	■プロジェクター ■スクリーン ■マイク(コードレスハンド2本) ■ホワイトボード(可動式1面(可能なら2面)) □その他( )
	備品 講師	■パソコン ■ケーブル ■ストップウオッチ ■ポインタ ■その他(スライドデータが入ったUSBメモリ)
	備品 参加者	■付箋(75×75mm 1チームに2束ずつ) ■模造紙(1チームに3枚ずつ) ■マーカー(プロッキー) ■名札(首下げタイプ、白紙) ■その他(養生テープ、クレヨン8色程度をチームに2セットずつ、画用紙1人に2枚ずつ+予備数枚、おてふき1人1セットずつ、レゴ人形1チーム1体ずつ)
カネ (金銭的資源)	受講料	(無料) ・ 有料( )
	最低実施人数	8名(主催者からの要望、かつ2チームが構成可能な人数)
情報 (情報的資源)	参加者への事前情報	主催者より開催2週間前に開催概要を連絡
	参加者からの事前情報	参加者は戦略的思考やコンサル経験有、事前アンケート実施予定
	運営上の規則やルール	会場は要現状復帰、飲食可能
	個人情報への配慮	参加者名簿と座席表は当日用意されるが要返却
	知的財産権への配慮	特になし
時間 (時間的資源)	開催日	○○年○月○日(日)
	開催時間(参加者)	9:30開始、17:30終了
	受付開始(参加者)	9:10開場 受付開始
	会場使用時間	9:00~18:00(8:45に鍵を受け取り可能)
	全体スケジュール	○月○日 ○時〜○時 本日打合せ ○○会議室 ○月○日 ○時〜○時 スカイプ打合せ(最終確認) ○月○日 ○時に○○に集合 当日運営 ○月○日 ○時〜○時 打合せ(振り返り) 配布資料、備品一式は○月○日までに主催団体へ送付する

図表6-2 ワークショップ準備シート I (事例の場合)

ノ（物的資源）」の中の運営機材や備品は、この後のプログラムデザイン次第で変わります。この時点では確定しているもののみ押さえておき、開催当日までに準備シートが完成していれば問題ありません。また、今回は主催団体から依頼を受けたケースなので、「カネ（金銭的資源）」や「情報（情報的資源）」に関する事項は、詳細には知りえない部分もあります。可能な範囲で主催者から情報提供してもらいましょう。

(2) ワークショップ準備シートⅡ

　もし主催者としてワークショップを企画する場合は、準備シートⅠ以外にも検討すべき事項があります。それは、次ページの図表6－3の準備シートⅡに示す「カネ（金銭的資源）」に関するものです。主催者としてワークショップを実施する場合、どれくらいの収入と支出があるのか、あらかじめ把握しておく必要があります。これは、管理会計では「損益分岐点分析」と言います。損益分岐点とは、言い換えれば「赤字でも黒字でもない"とんとん"の収支の状態」のことです。実務的には、「最低何名参加すれば赤字にならないか」を押さえておくこと、つまり、準備シートの「最低実施人数」を把握しておくことが重要になります。最低実施人数未満であれば赤字、最低実施人数以上であれば参加者が増えた分だけ黒字というわけです。

　最初に、収入と支出について説明します。ここでは、ワークショップ開催で使う最低限の知識にとどめて簡単に説明します。まず、収入は、「収入（売上）＝受講料×参加人数」で計算できます。これはわかりやすいと思います。次に支出は、費用の合計になりますが、費用を2種類に分けています。1つは「固定費」です。簡単に言えば「人数に関わらず、開催すれば必ずかかる費用」です。たとえば、

ワークショップ準備シートⅡ（主催者のみ）

	収支見込 ( )	収入合計 ( )	受講料収入		
カネ （金銭的資源）			その他		
		支出合計 ( )	固定費 ( )	会場費	
				機材費	
				講師旅費交通費	
				講師謝礼	
				広告宣伝費	
				その他	
			変動費 ( )	教材購入費	
				飲食費	
				参加者旅費交通費	
				資料印刷費	
				その他	
		最低実施人数	（内容が成立する人数、かつ損益分岐点から割り出した人数）		

図表6-3 ワークショップ準備シートⅡ

会場費や機材費などは固定的に発生する費用としてイメージしやすいでしょう。もう1つは「変動費」です。簡単に言えば「人数によって変動する費用」です。教材費や飲食費などは人数が増えれば、比例して増えていくのがイメージできると思います。ここまでで、ワークショップの収入と支出を大まかに把握できたことになります。

最後に、最低実施人数を求めましょう。次の最低実施人数を計算する公式に当てはめれば計算ができます。なお、これについては、次ページのコラムで詳しく書いています。

公式では、変動費ではなく「変動費率」を用いています。なぜなら、変動費は人数によって変わる費用なので、最終的な人数が分からないと実際の変動費は分からないからです。そこで、準備段階では、おおよその変動費率を仮に設定しておきます。変動費率は、売

上に占める変動費の割合です。たとえば、受講料が1,000円のとき、一人当たり変動費が200円かかりそうだとすれば、変動費率は20％(0.2)です。変動費率をいくらにするかは、過去に実施したワークショップの変動費率を参考にするとよいでしょう。

$$最低実施人数 = \frac{固定費 \div (1 - 変動費率)}{受講料} \quad (公式)$$

具体的な数字を入れて計算してみましょう。たとえば、固定費が50,000円、変動費率20％(0.2)、受講料が10,000円だとすると、下記のように最低実施人数は7名になります。7名以上参加すれば赤字にはならず、それ以上増えれば参加人数分だけ黒字になるということです。

$$最低実施人数 = \frac{50,000 \div (1 - 0.2)}{10,000} = 6.25人 \quad (繰り上げて7名)$$

ただし、これはあくまで収支面からみた考え方です。赤字でも実施する場合もあれば、何か補助金がある場合もあるでしょう。3章の3-5(68ページ参照)で述べたように、ワークショップの実施の効果面も踏まえて総合的に判断してください。

コラム

● 損益分岐点と最低実施人数

損益分岐点分析から最低実施人数の公式がどのように導き出されるかをみてみます。

図表6-4では、収入と支出の関係をグラフに表しています。グラフに示すように、収入は人数に比例して増えるので、原点から

右肩上がりの直線となります。一方、支出については、固定費は人数が何人であっても一定なので水平な直線ですが、変動費は人数に比例して増えるので右肩上がりの直線です。ですので、変動費と固定費を合計した支出の直線は、固定費とY軸の接点から右肩上がりで引いた直線になります。そして、損益分岐点は、この収入と支出が一致する点、つまりグラフでは収入の直線と支出の直線の交点になります。このときの収入（売上）が損益分岐点売上高、このときの人数が最低実施人数となります。

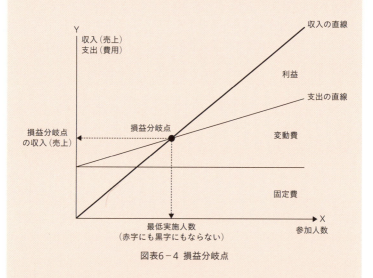

図表6-4 損益分岐点

では、実際に損益分岐点での収入（売上）から、最低実施人数の公式を導くまでの計算式は次のようになります。

損益分岐点売上高 ＝ 固定費＋変動費

　↓　変動費は、損益分岐点売上高×変動費率なので、

$$損益分岐点売上高 = 固定費 + 損益分岐点売上高 × 変動費率$$

↓ これを整理すると、

$$損益分岐点売上高 = 固定費 ÷ (1 - 変動費率)$$

↓ 損益分岐点売上高を受講料で割ると最低実施人数が算出されます。

$$最低実施人数 = \frac{固定費 ÷ (1 - 変動費率)}{受講料} \quad (公式)$$

6-5 プログラムを具体化する

(1) メインとなる活動のデザイン

　次は、ワークショップ組織の「仕掛け＝プログラム」のデザインです。プログラムは、最終的なアウトプットとしてかたちに残り、表舞台の活動そのものを表現する重要なものです。しかし、一般的にプログラムデザインがワークショップ企画の根幹のように思われがちですが、そうでありません。それまでのプロセスで、理念と現時点の準備シートが完成していれば、実はプログラムはいかようにも、何パターンでもデザインすることができます。通常、理念実現のために限られた資源をどう使うかを議論することで、おのずと活動が決まってきます。

　では、理念からプログラムの大枠が決まる議論の様子を少しみてみましょう。ここで、**P1**は主催団体の責任者、**P2**は主催団体の担当者、**P3**はサブファシリテーター（裏舞台ワークショップでは参加者）です。当日の表舞台のメインファシリテーター**F1**がこの場面でもファシリテーターの役割を担っています。

- **F1**:ビジョンで記述した「自分自身の強みや持ち味を再確認し、ドメインを明確化する」にはどうしたらいいでしょうか。
- **P1**:バリューの中で、「自分と向き合う場」とあるので、個人に焦点を当てたワークが思い浮かびます。たとえば、経験を洗い出すとか、強みを分析するとか。

…… 中略 ……

- **P2**:あと、「傾聴」や「アドバイス交換」をするためには、対話型のワークがいいと思います。
- **P1**:そうですね、今回はチームや全員で一緒にやるというよりは、ペアで深く対話してもらった方がいいと思います。
- **P2**:さらに、明確化していくには、何度か繰り返しブラッシュアップする必要がありますね。
- **F1**:そうですね、「切磋琢磨」という言葉にも合致しますね。

…… 中略 ……

- **P3**:では、戦略的思考のフレームワークや環境分析のツールを使ったワークをペアでやるのはどうでしょうか。
- **P1**:確かに、参加者は普段から経営コンサルティングをしているので、フレームワークは取り組みやすいと思います。
- **P3**:参加者が取り組みやすいワークは、進行もスムーズになると思います。
- **F1**:あとは、今回キーワードに上がっている「持ち味」という言葉が気になっています。どういう意味を込めたのでしたっけ。
- **P1**:強みだけではなく、弱みも含めた「個性」でしょうか。
- **P2**:言葉では語りにくい、「その人らしさ」でしょうか。
- **F1**:なるほど。個性やその人らしさですね。

…… 中略 ……

- **P3**:しかし、個性やその人らしさは、フレームワークでは出にくいかもしれないですね。論理的に考えてばかりになってしまうかも。
- **F1**:では、言葉で語りにくいなら、言葉以外の方法で出してもらいましょうか。たとえば……
- **P1**:あ、絵を描くとか!

…… 中略 ……

- **P2**:面白いけど、みなさん素直に絵を描いてくれるかなぁ。普段なかなか描かないと思うし。
- **F1**:でも、普段やらないことだからこそ、新鮮な気づきがあるかもしれ

P3：じゃあ、最初の方でいきなり絵を描いてもらいましょう。
P1：いいですね。今までの講演とは違う雰囲気になりますね。
F1：最初に、アイスブレイク的な意味も込めてやりましょうか。

……続く……

　この意見のやりとりは、要点を分かりやすく表現し直したものです。実際は、途中で脱線したり、アイデアが埋もれそうになったりしますが、都度ファシリテーターが理念に立ち返る質問をしながら、理念をベースに議論が進みました。最終的には、大きく2つのメインとなるワークをデザインしました。1つ目は、「絵を描く・絵を語る・絵が語る」という絵を通した活動により、自分の持ち味や方向性のイメージを膨らませる「EGATARI」ワークです。2つ目は、戦略的思考のフレームワークを使って「考える・話す・フィードバックする」を相互に行う「ペアコンサルティング」ワークです。それぞれを2回以上繰り返してブラッシュアップすることになりました。

　このような議論を重ねた結果、図表6−5（148ページ参照）のようなプログラムをデザインしました。注意したいのは、これがどんな場でも最適なプログラムという訳ではありません。この時、この現場で、このメンバーで、最適と思うプログラムですが、1つでも条件が変わればプログラムも変わります。今回は経営コンサルタントの集まりでしたが、もし戦略的思考に馴染みのない参加者ばかりでこのプログラムを実行すれば、おそらく午後のフレームワークで破綻すると思います。

　プログラムのデザインにおいても、「ぐるっと一回り」のプロセスが結果的に最も近道になります。経験や実績のある既存のワークショップ例をそのまま適用するのではなく、いったん括弧に入れて、ゼロベースで自分ごととして考えることが大切です。

「ドメインワークショップ 〜オンリーワンの専門領域を作ろう〜」

午前の部

9:30	**イントロダクション**	計10分
9:40	**(1) 絵を描くウォーミングアップ**	計50分
	自己紹介 ……(a)	12分
	ワークの説明	5分
	絵を描く 「今日のランチで食べたいもの」 ……(b)	10分
10:30	絵を語る どんな絵を描いたかチームに語る	23分
	休憩	10分
10:40	**(2) 自分の未来の絵を描く**	計65分
	ワークの説明	5分
	絵を描く 「5年後、自分が活躍している様子」	20分
	絵を語る どんな絵を描いたかチームに語る ……(c)	20分
	絵が語る 絵にタイトルと説明文をつける	15分
11:45	他の人の絵をみる 壁に貼って絵を鑑賞し合う	5分
	休憩(絵の鑑賞を兼ねる)	10分
11:55	**(3) 戦略的思考のおさらい**	計35分
	講義 戦略の全体像と戦略的思考のポイント	15分
	戦略的思考のミニワーク ……(d)	15分
12:30	講義 戦略思考のための技術	5分

図表6-5 プログラム

午後の部

	昼休憩	60分
13:30	**(4) 自分を取り巻く環境を考える**	**計60分**
	ワークの説明	5分
	環境を分析する「PEST分析」×「3C＋1C分析」 ……(e)	35分
14:30	ペアコンサルティング	20分
	休憩	10分
14:40	**(5) 自分と環境の関わりからドメインを考える**	**計100分**
	ワークの説明	5分
	ドメインをつくる1回目 「SWOT分析」⇄「ドメイン仮決定」	30分
	ペアコンサルティング ……(e)	20分
	ドメインを作る 2回目 「SWOT分析」⇄「ドメイン仮決定」	25分
16:20	ペアコンサルティング	20分
	休憩	10分
16:30	**(6) 現時点のドメインと今後の課題**	**計40分**
	チーム内でシェア ……(f)	20分
17:10	全体振り返り ……(g)	20分
17:20	エンディング	10分

(2) プログラムに埋め込んだ仕掛け

図表6-5のプログラムには、大小様々な仕掛けが埋め込まれています。ここでは (a) ～ (h) に示す仕掛けについて、どのような意図があるのか解説します。

(a) 自己紹介

開始直後のイントロダクションで、ファシリテーターから今回の「テーマ」「目的」「到達目標」「進め方」が説明されます。その後に、チーム内での自己紹介を配置しています。自己紹介の時間は1名3分×4名＝12分で、「名前」「所属」「参加動機」「自分のオンリーワンの領域とは」の4つについて話してもらいます。自己紹介としては、非常にオーソドックスなやり方です。

では、この開始直後から自己紹介までの一連の活動は、一体何をしているのでしょうか。一般的には、自己紹介は、自己を語ることで参加者同士の関係性を作ったり、話すことで緊張感を解きほぐすアイスブレイク的な効果を狙ったりするものだと言われています。しかし、実はそれだけではありません。この一連の活動は、実はワークショップ組織の「理念」を共有しようとしています。つまり、開始直後のイントロダクションで、ファシリテーターが「テーマ」「目的」「到達目標」を語ることは、ワークショップ組織の「理念」をメンバーに伝えていることになります。この理念は裏舞台ワークショップで丁寧な議論を重ねて作り上げたものですが、もしかすると参加者に受け入れられないかもしれません。そこで、理念の語りの後に、自己紹介という活動を通して、提示した理念が受け入れられたかを確認するのです。それゆえに、自己紹介では単なる個人的な「趣味」や「好きなもの」を語るのではなく、「参加動機」や「テーマと関わること（ここでは自分のオンリーワンの領域）」を項目に入れて

います。事前に期待していた内容と違うようであれば自己紹介を通して修正が加えられます。事前にそれほど期待せず来た人は、ここでワークショップの方向性を認識することができます。つまり、自己紹介には、ファシリテーターが提示した理念を、一旦自分ごととして考えるプロセスが含まれています。

このように、開始直後から自己紹介までの一連の活動は、ワークショップを組織と捉えると、理念の提示とその自己理解を通して、全員の方向性を固めるための活動と言えます。単に、自己開示して仲良くなるためだけの活動ではありません。

もし、冒頭でイントロダクションだけ行って、自己紹介をせずに本題に入るとどうなるでしょうか。ワークショップ組織の理念が一方的に伝えられただけで終わってしまいます。参加者は自分ごととして考える機会がないまま、その後の活動が受動的なものになってしまいます。

また、自己紹介の項目が「名前」「趣味」「好きなもの」という個人的な項目のみだとどうなるでしょうか。前後の活動とのつながりを失い、単なる雑談に近くなってしまいます。また、誰しも初対面の人に「趣味」や「好きなもの」という個人的なことを曝け出すのは気が引けるものです。これらの個人的な項目は、ワークショップが進行し、組織が活性化すれば、休憩時間などで自然発生的に起こるものです。

(b)「EGATARI」ワークのウォーミングアップ

午前中のメインとなる「EGATARI」ワークのウォーミングアップとして、ここでは「いきなり絵を描いてみる」という活動を入れています。裏舞台ワークショップでの「参加者は普段なかなか絵を描く機会がない」という意見を踏まえ、画用紙とクレヨンで絵を描

く練習をします。今回のテーマは、「今日のランチで食べたいもの」にしました。理由は2つあります。1つ目は、未来を描く活動が上手く行くよう段階を踏みたいからです。本番では「5年後、自分が活躍している様子」という遠い未来を描いてもらいますが、まずは3時間後のランチという近い未来を描くことは、取り組みやすく、よい練習になると思います。2つ目は、自己紹介からの流れに乗るかたちで、ワークショップへの期待感やアイスブレイクの効果を持たせたいからです。初対面の人に「趣味」や「好きなこと」という個人的なことは話しにくいと言いましたが、自己紹介後のこの場面で、「食べたいランチ」を自己開示することは、それほど恥ずかしくない無難な項目だろうと思います。

(c)「EGATARI」ワーク

　いよいよ午前のメインである「EGATARI」ワークです。このワークは、言葉にはしにくい漠然とした想いを、絵を媒介として明確化していく活動です。つまり、漠然とした想いをいきなり言葉にするのではなく、絵を描くことを通して一旦自分ごととして「ぐるっと一回り」する仕掛けを盛り込んでいます。今回の絵のテーマは「5年後、自分が活躍している様子」としました。「5年後」とした理由は、ある程度現実を踏まえた未来で、かつ今日からの努力次第で変化が実感できるのが5年後だろうと考えたからです。この理由は、ワークの説明のときにも参加者に伝えます。たとえば、すでに目標とする節目がある場合には、5年以外の年数を自分で決めてもワークの主旨からして問題ありません。また、「自分が活躍している姿」ではなく、「自分が活躍している"様子"」としたのも理由があります。それは、自分を取り巻く周りの環境も描いてほしかったからです。その環境の中で自分が活躍する様子は、オンリーワンの専門領

域そのものであり、これは午後の環境分析ワークにもつながります。

では、具体的なワークの進め方をみていきます。図表6-6（155ページ参照）は、「EGATARI」ワークの「ぐるっと一回り」の考え方を図示したもので、次の4つのステップを踏みます。

ステップ1　「絵を描く」

ほとんどの人はいきなり描き始めることはせず、「何を描こうか」と悩みます。このとき、これまで自分が活躍した出来事を思い出したり、憧れる人の様子を思い描いたりと、様々な映像が頭の中を巡ります。あるいは、すでに明確な5年後の姿が言葉化している人であっても、絵を描くときには「どのように描こうか」と描き方を思い浮かべて想像を膨らませます。どちらの場合も、映像で思い浮かべることは、自分ごとで深く考えるきっかけになります。なお、このワークは、文字は使わず絵だけで表現してもらいます。文字を排除することでその人らしさが表出しやすくなります。

ある程度時間が経過し、絵を描き始めるとどんどんイメージが湧いてきます。描いた絵の一部と対話するように、微妙な色彩や大きさを修正していきます。今回は画用紙とクレヨンを使うので、消せはしないですが、上から塗り重ねることができます。裏舞台ワークショップのメンバーでリハーサルとして描いてみると、不思議なことに絵が完成するに従い、絵について誰かに話したり、他の人の絵がみたくなったりしました。

ステップ2　「絵を語る」

絵が完成したら、1人5分ずつ、チームメンバーにどんな絵を描いたか語ってもらいます。3分程度で説明し、残りの時間は質疑応答の時間です。ファシリテーターが指示しなくても、「何を描いたか」

だけではなく、「なぜそれを描いたか」という理由や経験、エピソードも一緒に語ることが多いです。ここで発するなにげない言葉は、午後の環境分析やドメインにもつながる、本人にとって大切なキーワードになります。なぜなら、ドメインには必ず、環境を踏まえた自分なりの仮説や理由、自分の経験や蓄積された強みが背景にあるからです。また、無意識で描いたものが、他人からの指摘や質問を通して、実は自分らしさやこだわりであったことが分かることもあります。

ステップ3 「絵が語る」
　絵の語りで発された言葉や、他人の指摘からみつかった自分らしさやこだわりは、自分で描いた絵が自分に語りかけてきたものです。自分の絵と向き合い、読み取り、言葉にすることで、自己理解が進んでいきます。最終的にはタイトルと説明文をつけてもらい、絵からアプローチした自分のドメインのイメージを完成させます。

ステップ4 「他の人の絵をみる」
　最後に、各チームで模造紙に絵を貼り、壁に展示します。そして、他のチームの絵を鑑賞しにいきます。このとき、全く違う内容の絵からもインスピレーションを受けることもあります。特に今回は、同じ業界のメンバーなので、似たタイトルの絵が多くなりがちです。しかし、同じタイトルでも、人によって絵で表現することが全く違うことに気づいてもらいます。そこに、オンリーワンの持ち味が隠れている可能性があります。
　これら4つのステップにより、絵を描くことを通して、自分ごととしてドメインにつながるイメージを明確化してもらいました。

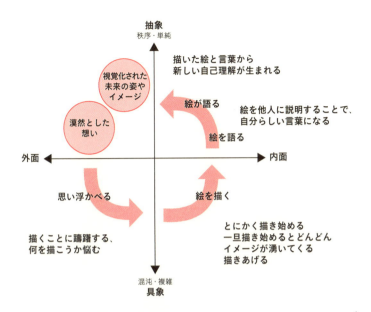

図表6-6 「EGATARI」ワークで「ぐるっと一回り」

(d)「戦略的思考のおさらい」のレクチャー

「EGATARI」ワークショップが午前のメインでしたので、普通に考えれば、ここで昼休憩を入れて、戦略的思考は午後から開始するのが一般的かもしれません。しかし、ここではあえて先に戦略的思考のレクチャー部分だけを午前の最後に配置しました。理由は、戦略的思考のワークに時間がかかるというスケジュール的なことだけではありません。午後最初にレクチャーを持ってくると、昼食後で眠たくなる危険性があるからです。

レクチャー部分は、ファシリテーター自身のドメインを活かし、「教育者」の役割を果たす場面です。ただし、一方向性の講義にならないよう、問いかけたり、クイズを出したり、ミニワークをチー

ムで取り組んでもらったり、「コーチ」の役割を意識しながら進めます。戦略的思考のポイントの復習と、午後への期待感が高まればこのレクチャーは成功と言えます。

(e)「ペアコンサルティング」ワーク
　午後の部は、「ペアコンサルティング」ワークがメインです。このワークは、図表6-7に示す「考える・話す・フィードバック」という一連の「ぐるっと一回り」のプロセスを複数回くりかえすことで、ブラッシュアップしていく活動です。今回は自分のオンリーワンの専門領域を論理的に考える分析ツールとして、戦略的思考の基本的なフレームワークである「PEST分析」「3C＋1C分析」「SWOT分析」を用いました。これらのフレームワークの詳しい説明は159ページ～のコラムで紹介していますので参照してください。ここでは、フレームワークをどのように今回のワークに導入したかを書いています。

　今回は、参加者によって戦略的思考の実践度合に差はあるものの、全員がこれらのフレームワークを理解していました。ただし、教科書的に理解しているだけでは使えません。「ぐるっと一回り」を繰り返し、自分ごととして考える経験を重ねていくことで使えるようになります。また、フレームワークを使えば綺麗に分析ができるというのは、一種の幻想です。これは戦略的思考に限らず、世に出ているフレームワークはあくまで誰かが作った既存の枠に過ぎません。フレームワークを使う本来の意味は、既存の便利な道具を使って試行錯誤することにあります。

　そこで、今回の「ペアコンサルティング」ワークでは、既存のフレームワークを使って、試行錯誤のプロセスを参加者同士でフィードバックし合う活動をデザインしました。図表6-7のような「ぐ

るっと一回り」のプロセスを回し、ドメインづくりにつなげることが目的です。意見や気づきの共有が目的ならばチームにしますが、相手の思考や想いの深い部分について対話しながらフィードバックするには、ペアが適しています。

　午後は、ペアコンサルティングが連続するので、ファシリテーターの役割にも意識が必要です。ファシリテーターはチームを巡回し、「観察者」や「コーチ」として関わっていくことになります。

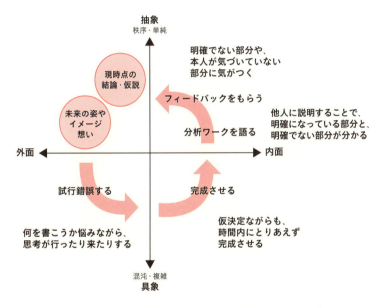

図表6-7 「ペアコンサルティング」ワークで「ぐるっと一回り」

（f）チーム内でシェア

　1日間で試行錯誤した結果として、現時点のオンリーワンの専門領域としての完成したドメインを、チーム内で共有します。ここで

は、さらに思考を深めるのではなく、現時点の成果を確認します。ワークショップの本質は、現時点の試作品や仮説をいったん作ることなので完璧である必要はありません。ただし、ワークショップの時間内に現時点の成果としてドメインがまとまった人もいれば、まとまらずモヤモヤが残る人もいると予想されます。その場合は、どの部分がまとまっていないのかという課題を明らかにしておきます。ドメインはその時点の仮説であり、刻々と変化する環境にあわせて、都度見直していくものなので、そもそも完璧にはならない性質のものとも言えます。

(g)全体振り返り

　ワークショップの締め括りとして、1日間で学んだこと、面白かったこと、課題として残ったこと、を全体で振り返ります。ここでは特に項目は指定せずに、自由にランダムに話してもらいます。なお、全体振り返りの後に、図表6-8のような振り返りシートを個別に記入してもらい、1日間の締め括りとします。このシートは、「プロセス」と「アウトプット」に関して「よかったこと／よくなかったこと」「できたこと／できなかったこと」を書くシンプルなものです。

　最終的に、参加者が持ち帰る成果物は「絵」「シート類」「振り返りシート」です。これらはワークショップ開催後、しばらく時間が経過してドメインを再考するときの貴重な資源になります。なお、このシートはコピーをとり、次の裏舞台メンバーでの振り返りにも活用します。

	プロセス (取り組み方や学びについて)	アウトプット (自分自身のドメインについて)
○ よかったこと・できたこと	・絵を描くワークは新鮮で面白かった。 ・自分の絵と他の人の絵を比べたときに、自分はクライアントに親身に支援したいのだという想いが分かった。 ・士業として開業した10年前は、オンリーワンの専門領域だったが、環境分析をすると、競合が増えて今は強みが減っていることを実感した。 ・ペアの人が、自分が気づいていなかった強みを指摘してくれた。	・絵を描くことで、今まで表現できなかった言葉でドメインを明確にできた。 ・以前からドメインを作っていたが、より明確なものにブラッシュアップできた。 ・早速ホームページを更新したい。 ・ドメインは環境変化とともに見直す必要があるので、定期的に考える機会を作りたい。
× よくなかったこと・できなかったこと	・ペアになった人や、チームの人とは親しくなれたが、他のメンバーとはあまり交流できなかった。 ・フレームワークで理論的に考えるのは得意だが、絵はなかなか思うように描けなかった。 ・ペアの人の支援の仕方が素晴らしかった。逆に、自分はそれほど良い支援ができなかった気がする。	・SWOT分析とドメインの思考を2回転して、気づきが多かったが、時間内では納得のいくドメインが完成しなかった。 ・ドメインの「どのように」という独自技術がまだまだ差別化できていない。
その他	・課題として今回考えたドメインがオンリーワンになるには、SWOT分析で弱みになっている部分を克服して、強みに変える必要がある。 ・今回のような、自分と向き合うワークショップを定期的に受講したい。	

図表6-8 振り返りシート例

コラム

●「ペアコンサルティング」ワークでの分析ツール

「ペアコンサルティング」ワークで使用した、3つの分析ツールを簡単に紹介します。

PEST分析は、図表6-9に示すように、「Politics(政治面)」「Economy(経済面)」「Society(社会面)」「Technology(技術面)」という4つの切り口で、自社や自分自身を取り巻くマクロ環境要因を

分析する手法です。マクロ環境要因は、簡単に言えば、自社や自分自身の努力だけではどうにもならない要因です。環境変化そのものは防げないので、自ら変化に対応するしかありません。マクロ環境要因は、具体的には、政治面は法規制や税制など、経済面は景気や物価など、社会面は人口動態やライフスタイルなど、技術面は新技術や特許などです。

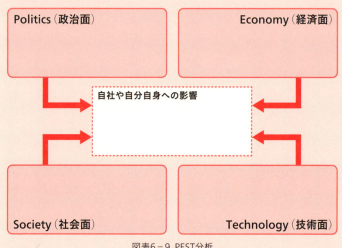

図表6−9 PEST分析

　3C＋1C分析は、図表6−10に示すように、「Company（自社・自分自身）」「Competitor（競合）」「Customer（顧客・市場）」「Channel（流通）」という4つの切り口で、自社や自分自身を取り巻くミクロ環境要因を分析する手法です。ミクロ環境要因は、簡単に言えば、それなりに自社や自分自身の努力で働きかけることができる業界内の要因です。自社や自分自身に影響のある要因を分析し、キーとなる成功要因を発見する分析手法です。

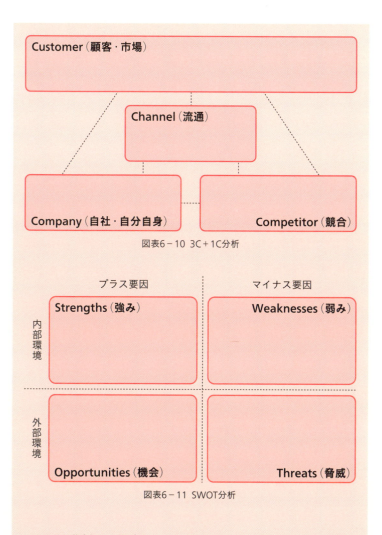

図表6-10 3C+1C分析

図表6-11 SWOT分析

　SWOT分析は、図表6-11に示すように、「Strengths(強み)」「Weaknesses(弱み)」「Opportunities(機会)」「Threats(脅威)」の4つの切り口で、環境変化に対応した自社や自分自身の資源活用を

考えるための分析手法です。「強み」「弱み」は内部環境、「機会」「脅威」は外部環境です。実際の分析では、自社や自分自身が持つ経営資源がプラスに働くならば「強み」、マイナスに働くならば「弱み」です。また、PEST分析や3C＋1C分析から抽出した外部の環境要因がプラスに働くならば「機会」、マイナスに働くならば「脅威」に分類します。

　さて、ここで注意しないといけないのは、これらのフレームは、埋めれば分析が完了するようなものではありません。また、マクロ環境分析・ミクロ環境分析・SWOT分析と順次的に分析が進むとも限りません。何度も書き直したり、行ったり来たりする、試行錯誤を伴うものです。なぜなら、フレームワークは単なる既存の枠でしかありません。整理しやすい切り口を提示しているだけで、作成するプロセスにはかなり深い思考が必要です。

　特にSWOT分析はプラスかマイナスかの判断基準が入るので要注意です。たとえば、「少子高齢化」と聞いてどう判断するでしょうか。決して、言葉のイメージだけでマイナス要因の「脅威」に入れてはいけません。子供の絶対数が減ると困るような事業であれば「脅威」かもしれませんが、介護ビジネスをしている人には「機会」になるかもしれません。また、子供向けの事業でも、学校の経営支援をするコンサルタントにとっては「機会」にもなるかもしれません。つまり、その人の立ち位置によって価値判断が変わりますので、同じ要因でもドメイン次第で強みにも弱みにも、あるいは機会にも脅威にもなりえます。SWOT分析の本当の使い方は、自分のドメインが本当に勝てる土俵なのかをチェックするための道具です。本来の目的はドメインを作ることにあります。

6-6 組織成立の3要素をチェックする

(1) 組織構造の変化

　ワークショップのプログラムと対応して、どのように組織構造が変化しているかを確認します。次ページの図表6-12は午前の部の組織構造の変化です。一見して分かるように、午前は「個人フラット型」と「チームフラット型」のみで構成されています。これは、今回の目的が各自のドメインを作ることであり、個人に焦点を当てているからです。なお、参加者24名で一緒に共有するワークはありませんが、「EGATARI」ワークの最後に他のチームをみに行く活動を入れています。

　最初の休憩までの1時間は、アイスブレイクに該当する部分です。ここで、FとPとOの全てがつながり、組織成立の3要素を満たすことができれば、その後は円滑に進行します。イントロダクションは、Fの立ち位置を示してFとPの関係性を作るために「個人フラット型」になっています。次に配置される自己紹介は、前述したように、PとPの関係性を作るだけでなく、自己紹介を通して理念の共通理解を進めるため「チームフラット型」になっています。ここで組織成立の3要件である「共通目的」の明確化を目指します。「個人フラット型」と「チームフラット型」の変化パターンがここで一度経験されるので、おそらくは次の「EGATARI」ワークのウォーミングアップに入っていきやすいはずです。メインの「EGATARI」ワークの前に、このパターンを2回入れておくことで、スムースに組織構造を変化させることができます。

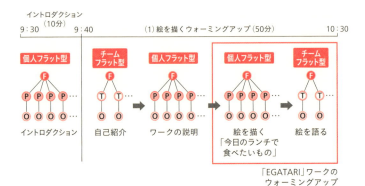

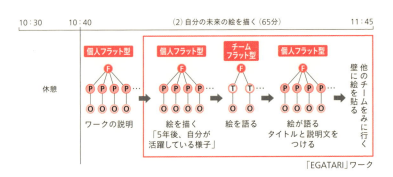

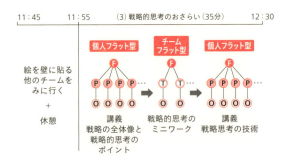

図表6-12　組織構造の変化(午前の部：イントロダクション〜パート3)

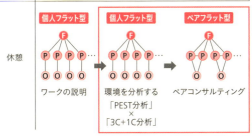

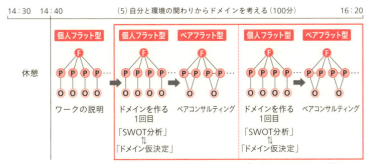

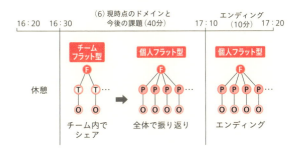

図表6-13 組織構造の変化(午後の部:パート4〜エンディング)

次に、図表6-13（165ページ参照）に示す、午後の部の組織構造の変化をみてみましょう。午後は「個人フラット型」と「ペアフラット型」を中心に構成されています。午前で4名構成のチームになっていましたが、午後の「ペアコンサルティング」ワークでは、2名ずつにチームを分割しています。テーブルのレイアウトは4名チーム×6班のままですが、実際には2名×12班に分かれた構造です。最後のチーム内でシェアする場面まで「チームフラット型」はありません。午前と午後を比べたときに、午後はより個人に焦点を当て、ペア間の関係性を深める構造になっていることが分かります。

(2) 罠やアクシデントへの対応方法

このようにデザインした事例ワークショップでは、どのような罠やアクシデントに陥る可能性があるでしょうか。1つ目は、午前の「EGATARI」ワークで絵がうまく描けない場合です。もちろん、絵の描き方や、上手下手は関係がないことは、ワークの説明で伝えます。しかし、どうしても絵を描きたくない人や、絵が進まない人がいるかもしれません。罠で言えば、「Pの関係性放棄の罠」に陥る可能性があります。ここは「チームフラット型」にしているので、他のチームメンバーとの関係性を通したフォローが期待できます。もちろん、ファシリテーター2名がワーク中にフォローして、関係性放棄の状態を回復するような働きかけも必要です。2つ目は、午後の「ペアコンサルティング」ワークで、ペア間の相性が悪い場合です。ペアなので関係性が切れれば、効果的なフィードバックができなくなってしまいます。罠で言えば「Pの協力関係放棄の罠」に陥る可能性があります。この場合、いくつか方法が考えられます。たとえば、今回の事例では、ペアコンサルティングワークは連続していますが、環境分析を行う部分とドメインを作る部分で分けるこ

とができます。最初の環境分析を行っている間に、ペアが上手く関係性が作れているかを観察しておき、問題がある場合はドメインを作る部分からペアをチェンジすることができます。他には、午後の開始時にチームからペアを作るときに、どのようなペアになるかをチームで決めてもらう方法もあります。最終的には、ファシリテーター2名がフォローすることも必要です。

6-7　フィードバック方法を決めておく

最後に、あらかじめワークショップ終了後に、裏舞台メンバーが振り返りや評価を行う方法を決めておきます。前述したように、このフィードバック方法を決めておくことで、ワークショップ中の観察にも意識が働き、結果として次回へのスキルアップにつながります。

ワークショップを振り返るためには、当日の活動が分かる材料が必要です。振り返りのための材料は、事後になるほどとりにくくなります。あらかじめ「どのようにデータを収集するか」「どのように活動を記録するか」を決めておくとよいでしょう。事例では下記のような振り返り材料を揃えました。

❶参加者の成果物の控え

今回の参加者が作成する成果物は、「絵」「シート類」「振り返りシート」です。原本は参加者が持ち帰りますが、裏舞台メンバーの振り返り用に控えをとっておきます。コピーをとってもいいですし、スキャナーがあればデータ化してもいいです。参加者が少なければ、デジタルカメラやスマートフォンで撮影するのも便利です。

❷活動の様子の記録

 今回はデジタルカメラで活動の様子を撮影しました。サブファシリテーターが主に撮影を担当したので、観察者の意図が写り込んでいる可能性がある点は、前提として踏まえておく必要があります。今回は使いませんでしたが、ビデオカメラで動画撮影する場合もあります。活動を時系列に捉えたり、メンバーの行動を詳細に分析したりする場合に有用です。動画を編集してワークショップの活動ムービーを作ることもできます。また、最近はウェアラブルカメラや360度撮影可能なカメラも入手しやすくなったので、ワークショップの活動を阻害しない範囲で活用するのも面白いでしょう。

 なお、❶と❷に関する注意事項として、成果物や参加者を撮影する場合は、使用目的や公開範囲を説明して事前了解を得ておく必要があります。拒否された場合は無理に撮影してはいけません。また、事前了解を得ていても、後日撤回する場合にも対応できるよう主催者の連絡先を伝えておきます。このような一連の取り決めを示した同意書を交わす場合もあります。特に、外部に公開する場合は、公開元の倫理規定や個人情報規定を遵守することが求められる場合があるので、手続きに関する確認はしっかり行いましょう。

❸裏舞台メンバーの振り返りシート

 図表6-8（159ページ参照）のシートを使って、参加者に振り返りをしてもらいましたが、今回は同じフォーマットを使って、裏舞台メンバーも振り返りを行いました。つまり、参加者視点だけではなく、ファシリテーター視点、サブファシリテーター視点、事務局視点でのシートも収集しました。この際、できるだけ振り返りシートのフォーマットは揃えた方が、対応関係が比較しやすくなります。

❹**主催団体のアンケート**

　今回は、主催団体でもワークショップに関するアンケートをとっています。項目は、「内容」「講師」「理解度」について5段階評価で満足度を尋ねるものや、「今後扱ってほしいテーマや内容」について選択するものです。このアンケートは、主催者として次の企画に生かすための基礎データをとるのが目的です。もしアンケート結果を集計したものがあれば、主催者から提供してもらいましょう。アンケートの数値を気にしすぎる必要はありませんが、ワークショップを定量的に概観できるものとして役に立ちます。

　今回は、裏舞台メンバー4名で振り返る場を設定しました。具体的な日時場所を決め、それまでに❶〜❹の材料を整理して持ち寄りました。振り返りをする際は、プログラムを参照しながら❷の写真を概観するところから入るといいでしょう。そのうえで、参加者視点として❶の成果物を見ながら、今回のワークショップ組織の理念で示した到達目標に達したかについて話し合います。その後、ファシリテーター視点、サブファシリテーター視点、事務局視点で、「できたこと／できなかったこと」を整理していくことで、次のワークショップへの課題や改善点を明らかにしていきます。

主要参考文献

アーヴィング・ゴッフマン（1974）『行為と演技―日常生活における自己呈示』〈ゴッフマンの社会学1〉（石黒毅訳）誠信書房.

アニータ・ブラウン、デイビッド・アイザックス（2007）『ワールド・カフェ：カフェ的会話が未来を創る』（香取一昭、川口大輔訳）ヒューマンバリュー.

アルフレッド・D・チャンドラーJr.（2004）『組織は戦略に従う』（有賀裕子訳）ダイヤモンド社.

安斎勇樹、森玲奈、山内祐平（2011）「創発的コラボレーションを促すワークショップデザイン」、『日本教育工学会論文誌』, 35(2), 135-145.

上田信行、中原淳（2012）『プレイフル・ラーニング』三省堂.

内田和成（2006）『仮説思考：BCG流 問題発見・解決の発想法』東洋経済新報社.

エティエンヌ・ウェンガー、リチャード・マクダーモット、ウィリアム・M・スナイダー（2002）『コミュニティ・オブ・プラクティス：ナレッジ社会の新たな知識形態の実践』（櫻井祐子訳）翔泳社

金井壽宏（1999）『経営組織』（経営学入門シリーズ）日経文庫.

金井壽宏、高橋潔（2004）『組織行動の考え方：ひとを活かし組織力を高める9つのキーコンセプト』一橋ビジネスレビューブックス.

苅宿俊文、佐伯胖、髙木光太郎（2012）『ワークショップと学び3：まなびほぐしのデザイン』東京大学出版会.

川上光彦（2013）『地方都市の再生戦略』学芸出版社.

川喜田二郎（1967）『発想法：創造性開発のために』中央公論社.

川喜田二郎（1970）『続・発想法：KJ法の展開と応用』中央公論社.

木下勇（2007）『ワークショップ：住民主体のまちづくりへの方法論』学芸出版社.

釘原直樹（2011）『グループ・ダイナミックス：集団と群集の心理学』有斐閣.

窪田寛之（2004）『コンサルタントになる人のはじめての業務分析』ソフトバンククリエイティブ.

桑田耕太郎、田尾雅夫（2010）『組織論』有斐閣.

ジーン・レイヴ、エティエンヌ・ウェンガー（1993）『状況に埋め込まれた学習：正統的周辺参加』（佐伯胖訳）産業図書.

ジェイ・B・バーニー（2003）『企業戦略論【上】基本編 競争優位の構築と持続』（岡田正大訳）ダイヤモンド社.

ジェイ・B・バーニー（2003）『企業戦略論【中】事業戦略編 競争優位の構築と持続』（岡田正大訳）ダイヤモンド社.

ジェイ・B・バーニー（2003）『企業戦略論【下】全社戦略編 競争優位の構築と持続』（岡田正大訳）ダイヤモンド社.

Janis, I. L. (1982). Groupthink: Psychological studies of policy decisions and fiascoes (Vol. 349). Boston: Houghton Mifflin.

Janis, I. L., & Mann, L.（1977）. Decision making: A psychological analysis of conflict, choice, and commitment. Free Press.

ジュリア・カセム（2014）『「インクルーシブデザイン」という発想：排除しないプロセスのデザイン』（平井康之監修、ホートン・秋穂訳）フィルムアート社.

スティーブン・P・ロビンス（2009）『組織行動のマネジメント：入門から実践へ』（髙木晴夫訳）ダイヤモンド社.

高尾隆、中原淳（2012）『インプロする組織：予定調和を超え、日常をゆさぶる』三省堂.

竹政昭利、左川聡（2004）『ビジネスマンのためのUML入門：ビジネスモデリングによるアプローチ』毎日コミュニケーションズ.

チェスター・バーナード（1968）『経営者の役割』（経営名著シリーズ2）（山本安次郎訳）ダイヤモンド社.

ティム・ブラウン（2014）『デザイン思考が世界を変える』（千葉敏生訳）早川書房.

戸部良一、寺本義也、鎌田伸一、杉之尾孝生、村井友秀、野中郁次郎（1991）『失敗の本質：日本軍の組織論的研究』中央公論社.

中野民夫（2001）『ワークショップ』岩波新書.

中村和彦（2015）『入門 組織開発：活き活きと働ける職場をつくる』光文社.

沼上幹（2004）『組織デザイン』日本経済新聞社.

沼上幹（2003）『組織戦略の考え方：企業経営の健全性のために』ちくま新書.

野中郁次郎、竹内弘高（1996）『知識創造企業』（梅本勝博訳）東洋経済新報社.

野中郁次郎、紺野登（2012）『知識創造経営のプリンシプル：賢慮資本主義の実践論』東洋経済新報社.

堀公俊、加藤彰（2008）『ワークショップ・デザイン：知をつむぐ対話の場づくり』日本経済新聞出版社.

堀公俊（2004）『ファシリテーション入門』日経文庫.

茂木一司、苅宿俊文、佐藤優香、上田信行、宮田義郎（2010）『協同と表現のワークショップ：学びのための環境のデザイン』東信堂.

森時彦、ファシリテーターの道具研究会（2008）『ファシリテーターの道具箱：組織の問題解決に使えるパワーツール』ダイヤモンド社.

森幹彦、元木環（2014）「多様な関与者を取り込んだものづくりワークショップのデザイン」,『人工知能学会全国大会論文集』, 28, 1-3.

森玲奈（2015）『ワークショップデザインにおける熟達と実践者の育成』ひつじ書房.

森玲奈、北村智（2013）「「ワークショップの教育工学」のための予備的考察」,『日本教育工学会研究報告集』, 2013(1), 313-318.

山内祐平、森玲奈、安斎勇樹（2013）『ワークショップデザイン論：創ることで学ぶ』慶應義塾大学出版会.

山崎亮（2011）『コミュニティデザイン：人がつながるしくみをつくる』学芸出版社.

ユーリア・エンゲストローム（1999）『拡張による学習：活動理論からのアプローチ』（山住勝広訳）新曜社.

リチャード・L・ダフト（2002）『組織の経営学：戦略と意思決定を支える』（髙木晴夫訳）ダイヤモンド社.

主要索引

【あ行】

項目	ページ
アイスブレイク	053
アウトプット	074, 159
アクティビティ図	025
暗黙知	018, 106
意思決定	015
意思疎通	032
一体性	050
5つの資源	096, 139
インクルーシブデザイン	017
イントロダクション	150
裏舞台	024
エーベル［経営学者］	009
「EGATARI」ワーク	151
F2LOモデル	049
オブジェクト（対象）	046
オペレーション	098
表舞台	024

【か行】

項目	ページ
階層	031, 069
仮説	081
仮説思考	082
川喜田次郎	085
環境分析	146
関係性	047, 050
機能別（職能別）組織	032, 034
キャリア	051
競争性	062
共通目的	043, 100
協働性	050
具体化と抽象化	088
ぐるっと一回り	075, 080
クロスファンクショナルチーム	013
経営資源	040
経験則	018, 106
KJ法	085
権限と責任	033
合意形成	015
貢献意欲	100
コーシャスシフト	120
コーチング	043
個人完結型	032
こっそりファシリテーター	130
ゴッフマン［社会学者］	023
固定費	141
コミュニケーション	092, 100
コミュニティ	016
コンセプト化	088
コンテンツ	098

【さ行】

項目	ページ
サービス	023
最低実施人数	143
参加者	029, 043, 115
産官学連携	013
仕掛け	096
時間的資源	082
事業部制（チーム別）組織	032, 034
試行錯誤	077
自己紹介	150
ジャニス［心理学者］	119
集団思考	119
住民参加	016
住民主体	016
熟達者	036
情報的資源	082
人事評価	051
SWOT分析	161
ステークホルダー	024, 029
3C＋1C分析	161

項目	ページ
ゼロベース	081
戦略的思考	147
創造性	050
組織開発	089
組織構造	031, 039, 066
組織構造の組み合わせ	085
組織構造の類型	034
組織成立の3要素	026, 099, 163
組織文化	031
損益分岐点	143

【た行】

項目	ページ
タイムベース競争	082
多個人化	057
タスクフォース	013
多チーム化	060
タッチポイント	015
多ペア化	060
チーム化	059
チーム完結型	032
チームビルディング	055
チャンドラー[経営史研究家]	036
デザイン思考	082
デリバリー	098
統制の幅	031, 069
トップダウン	015
ドメイン(専門領域)	008
ドラマツルギー(dramaturgy)	023

【な行】

項目	ページ
人間中心設計	017

【は行】

項目	ページ
バーナード[経営学者]	026
場づくり	008
発散と収束	085
バリュー	094
ビジョン	094
PDSサイクル	045, 102
ファシリテーション	011
ファシリテーター	011, 021, 029, 039, 108
フィードバック	101, 167
フラット化	062
フラット型組織	032, 034
振り返り	101, 158, 167
フレームワーク	147
ブレーンストーミング	127
プログラム	096, 145
プロジェクトリーダー	070
プロセス	074, 159
プロダクトデザイン	017
分業化	065
ペア化	059
「ペアコンサルティング」ワーク	156
PEST分析	160
変動費	142
ボトムアップ	015

【ま行】

項目	ページ
マシュマロチャレンジ	055
まちづくり	016
マトリックス型組織	033, 034
ミッション	094
ミッション・ビジョン・バリュー	094, 138
模倣困難性	008

【や行】

項目	ページ
役割	029, 039

【ら行】

項目	ページ
ラピッドプロトタイピング	082
リーダーシップ研修	027
リスキーシフト	120
理念	094, 138
レイアウト	031
ワークショップ形態	031
ワークショップ準備シート	139
ワークショップの定義	019
ワールドカフェ	089

監修者あとがき

　本書は、京都大学経営管理大学院の宇野・久保田ゼミでの議論をきっかけに生まれました。著者の北野清晃氏は、ワークショップのファシリテーションを専門とする経験豊富な実務者で、現在は同大学デザイン学大学院の博士課程に籍をおく研究者でもあります。本書の理論的骨格である第3章「ワークショップの組織構造」で述べられている内容は、その多くがゼミでの議論から生まれたものです。

　本書でも触れられていますが、ワークショップは組織論の古典であるバーナードの組織成立の3要素を満たしています。この一時的で小規模な組織は、会議、研修、企画開発、教育、合意形成など、様々な場面に現れます。私たちの身の周りでは、ワークショップのようなやりとりが日々数多く繰り広げられているのです。そのような目で日常を眺めると、また新しい発見があるかもしれません。

　とはいえ、ワークショップを組織として捉える研究はまだ緒についたばかりです。今後の更なる発展を願いたいと思います。

　本書がワークショップに関心を持つ人々、そしてポジティブに仲間と協働することを望む人々にとって参考になれば幸いです。

宇野伸宏　久保田善明

謝　辞

　京都大学経営管理大学院、デザイン学大学院にて、関わってくださったすべての人に深く感謝を申し上げます。ゼミや講義での議論、イベントでの体験・実践を通して、本書につながる貴重な知識や知恵をいただきました。特に、同じ宇野・久保田ゼミ生の舟津昌平氏と邱淑萍氏は、終始議論に参加くださいました。

　また、研修やワークショップの実践に関わってくださった企業や団体の皆様にも深く感謝を申し上げます。共に場を創り上げる中で経験したエピソードを本書に織り込むことができました。

　最後に、三省堂出版局の飛鳥勝幸氏には、本書の企画を引き受けてくださったこと、丁寧な編集に尽力くださったことに、深く感謝を申し上げます。

北野清晃

監修者略歴

宇野 伸宏（うの のぶひろ）

京都大学大学院工学研究科准教授
1964年大阪府生まれ。京都大学工学部交通土木工学科卒業。京都大学大学院工学研究科修士課程修了。博士（工学）。横浜市道路局、京都大学工学部助手、京都大学大学院工学研究科助教授、京都大学大学院経営管理研究部准教授を経て、現職。経営管理大学院では「Transportation and Logistics Management」を担当し、ICTを活用した都市交通マネジメントのあり方について講義を行うとともに、「サービス価値創造ワークショップ」などでゼミ指導を行ってきた。京都駅南口駅前広場エリアマネジメント会議などで委員を務め、市民参加型のまちづくりの場にも参画。

久保田 善明（くぼた よしあき）

京都大学大学院工学研究科（経営管理大学院経営研究センター兼担）准教授
1972年京都府生まれ。広島大学工学部第四類卒業。京都大学大学院工学研究科博士後期課程修了。博士（工学）。石川島播磨重工業株式会社（現、株式会社IHI）、株式会社オリエンタルコンサルタンツに勤務後、京都大学経営管理大学院准教授を経て現職。経営管理大学院では「デザイン経営論」を担当し、デザインを経営学の戦略論・マーケティング論・組織論などと関連づける講義を行うとともに、デザインシンキングを始めとするワークショップを実践。2013年、当科目でベストティーチャー賞を受賞。

著者略歴

北野 清晃（きたの きよてる）

ワークショップデザイン研究所 代表
京都大学デザイン学大学院／京都大学大学院情報学研究科 博士後期課程在学中
1977年大阪府生まれ。金沢大学大学院自然科学研究科修士課程修了。京都大学経営管理大学院専門修士課程修了。修士（工学）、MBA。都市計画コンサルティング会社にて自治体の計画策定業務、まちづくりワークショップの企画運営業務に携わる。その後、人材開発・組織開発を支援する公益法人にて、企業などの研修やワークショップの企画運営業務に8年間従事する。現在は、再び大学院にてワークショップの組織デザインに関する研究を行うとともに、ワークショップデザイン研究所を設立。ワークショップの企画やファシリテーター、研修の企画や講師として活躍している。中小企業診断士、一級建築士、一級販売士、キャリアコンサルタント、ビジネスコーチなどの資格を保有。

デザイン：松田行正＋杉本聖士
編集協力：用松美穂　　　本文組版：(株)エディット

組織論から考えるワークショップデザイン

2016年7月30日　第1刷発行

監　修：宇野伸宏　久保田善明
著　者：北野清晃
発行者：株式会社 三省堂　代表者　北口克彦
印刷者：三省堂印刷株式会社
発行所：株式会社 三省堂
〒101-8371
東京都千代田区三崎町二丁目22番14号
電話　編集　(03)3230-9411　営業　(03)3230-9412
振替口座　00160-5-54300
http://www.sanseido.co.jp/

落丁本・乱丁本はお取り替えいたします
©Kiyoteru KITANO 2016
Printed in Japan
ISBN978-4-385-36071-3
〈ワークショップデザイン・176pp.〉

> ®本書を無断で複写複製することは、著作権法上の例外を除き、禁じられています。本書をコピーされる場合は、事前に日本複製権センター(03-3401-2382)の許諾を受けてください。また、本書を請負業者等の第三者に依頼してスキャン等によってデジタル化することは、たとえ個人や家庭内での利用であっても一切認められておりません。